BACHELARD

COLEÇÃO
FIGURAS DO SABER
dirigida por
Richard Zrehen

Títulos publicados
1. *Kierkegaard*, de Charles Le Blanc
2. *Nietzsche*, de Richard Beardsworth
3. *Deleuze*, de Alberto Gualandi
4. *Maimônides*, de Gérard Haddad
5. *Espinosa*, de André Scala
6. *Foucault*, de Pierre Billouet
7. *Darwin*, de Charles Lenay
8. *Wittgenstein*, de François Schmitz
9. *Kant*, de Denis Thouard
10. *Locke*, de Alexis Tadié
11. *D'Alembert*, de Michel Paty
12. *Hegel*, de Benoît Timmermans
13. *Lacan*, de Alain Vanier
14. *Flávio Josefo*, de Denis Lamour
15. *Averróis*, de Ali Benmakhlouf
16. *Husserl*, de Jean-Michel Salanskis
17. *Os estoicos I*, de Frédérique Ildefonse
18. *Freud*, de Patrick Landman
19. *Lyotard*, de Alberto Gualandi
20. *Pascal*, de Francesco Paolo Adorno
21. *Comte*, de Laurent Fédi
22. *Einstein*, de Michel Paty
23. *Saussure*, de Claudine Normand
24. *Lévinas*, de François-David Sebbah
25. *Cantor*, de Jean-Pierre Belna
26. *Heidegger*, de Jean-Michel Salanskis
27. *Derrida*, de Jean-Michel Salanskis
28. *Montaigne*, de Ali Benmakhlouf
29. *Turing*, de Jean Lassègue

BACHELARD
VINCENT BONTEMS

Tradução
Nícia Adan Bonatti

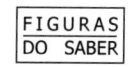

Estação Liberdade

FIGURAS DO SABER

Título original francês: *Bachelard*
© Societé d'Édition Les Belles Lettres, 2010
© Editora Estação Liberdade, 2017, para esta tradução

Preparação Cacilda Guerra
Revisão Huendel Viana
Revisão técnica Maria Aparecida Correa-Paty
Projeto gráfico Edilberto F. Verza
Capa Natanael Longo de Oliveira
Assistência editorial Fábio Fujita
Composição e supervisão editorial Letícia Howes
Comercialização Arnaldo Patzina e Flaiene Ribeiro
Administrativo Anselmo Sandes
Editor responsável Angel Bojadsen

CIP-BRASIL. CATALOGAÇÃO NA PUBLICAÇÃO
SINDICATO NACIONAL DOS EDITORES DE LIVROS, RJ

B759b

Bontems, Vincent, 1974-
Bachelard / Vincent Bontems ; tradução Nícia Adan Bonatti. --
1. ed. -- São Paulo : Estação Liberdade, 2017.
256 p. : il. ; 21 cm. (Figuras do saber ; 30)

Tradução de: Bachelard
ISBN: 978-85-7448-283-5

1. Bachelard, Gaston, 1882-1962. 2. Filosofia. 3. Epistemologia. I. Bonatti, Nícia Adan. II. Título III. Série.

17-40954   CDD: 101
                                      CDU: 101

07/04/2017   11/04/2017

Todos os direitos reservados à Editora Estação Liberdade. Nenhuma parte da obra pode ser reproduzida, adaptada, multiplicada ou divulgada de nenhuma forma (em particular por meios de reprografia ou processos digitais) sem autorização expressa da editora, e em virtude da legislação em vigor.

Esta publicação segue as normas do Acordo Ortográfico da Língua Portuguesa, Decreto nº 6.583, de 29 de setembro de 2008.

Editora Estação Liberdade Ltda.
Rua Dona Elisa, 116 | 01155-030 | São Paulo-SP
Tel.: (11) 3660 3180 | Fax: (11) 3825 4239
www.estacaoliberdade.com.br

Sumário

Cronologia 9

Introdução 27

I. Uma epistemologia *trans*-histórica 35
   Obstáculos, rupturas e recorrências 44
   Aproximação, fenomenotécnica e
   aprofundamento 55
   O valor indutivo dos númenos matemáticos 64
   O método não cartesiano 71

II. A relatividade filosófica 77
   O racionalismo de Bachelard 88
   A filosofia do não 95
   A relativação 105
   A análise espectral 116

III. No ritmo das noites 125
   As imagens elementares 132
   Os operadores poéticos 146
   As experiências íntimas 155
   A ritmanálise 172

IV. O bachelardismo 187
   A convergência rompida da filosofia científica
      (1927-1939) 187
   A "bachelardização" (1): o ensino de
      Canguilhem (1947-1971) 191
   A "bachelardização" (2): a epistemologia
      marxista de Althusser (1948-1980) 199
   A bachelardização (3): Barthes e a nova crítica
      literária (1915-1980) 203
   A fraca recepção de Bachelard em língua
      inglesa (1949-2000) 208
   A crise do bachelardismo (1): a voga do
      socioconstrutivismo (1972-1996) 210
   A crise do bachelardismo (2): a importação
      da filosofia analítica (1980-2000) 212
   O bachelardismo hoje: herança filosófica e
      surracionalismo 213

Conclusão 221

Índice de nomes próprios 225

Índice de noções 227

Glossário 229

Biografias 237

Bibliografia 245
   Obras de Gaston Bachelard 245
   Edições brasileiras 247
   Artigos, capítulos e prefácios de Gaston
      Bachelard 248
   Bibliografia secundária 250

Cronologia

1883 Promulgação da lei sobre o ensino público, laico, gratuito e obrigatório, que tornará possível a ascensão da "escada republicana" para as crianças advindas das camadas populares.

1884 Gaston Louis Pierre Bachelard nasce, em 27 de junho, no vilarejo de Bar-sur-Aube, "numa terra de riachos e rios, num canto da Champanhe semeada de vales" (*A água e os sonhos*); seu pai, Louis Jean-Baptiste Gaspard Bachelard, é sapateiro; sua mãe, Marie-Louise Philomène Bachelard (nascida Sanrey), tem um depósito de tabaco e jornais; a família vive modestamente, mesmo possuindo algumas terras (vinhas, pomares, jardins e terras sem cultivo); Bachelard guardará para sempre as marcas desse meio rústico e o sotaque champanhês; da escola comunal, também conservará a "bela letra" elaborada a bico de pena.

1889 Bergson publica *Essai sur les données immédiates de la conscience* [*Ensaio sobre os dados imediatos da consciência*].

1890 Nascimento de Ferdinand Gonseth.

1891 Nascimento de Rudolf Carnap.

1895   Émile Boutroux publica *De l'Idée de loi naturelle dans la science et la philosophie* [*Da ideia de lei natural na ciência e na filosofia*].

1896   Bachelard entra em classe moderna no colégio da cidade, onde ganhará a cada ano o prêmio de excelência e se classificará inúmeras vezes em primeiro lugar; pratica futebol, violino e teatro de maneira amadora; Bergson publica *Matéria e memória*[1]; nascimento de André Breton; nascimento de Jean Piaget.

1899   Freud publica *A interpretação dos sonhos*.[2]

1900   Hilbert expõe seu programa no congresso internacional de matemática em Paris; morte de Nietzsche.

1902   Tendo obtido o *baccalauréat*[3], Bachelard abre mão de seus estudos para fazer face às suas necessidades; torna-se monitor no colégio de Sézanne; Poincaré publica *A ciência e a hipótese*[4]; nascimento de Karl Popper.

1903   Bachelard é aprovado no concurso de admissão para os Correios (Postes et Télégraphes); é nomeado estagiário em Remiremont; nascimento de Jean Cavaillès.

1904   Nascimento de Georges Canguilhem.

1905   Einstein publica quatro artigos que revolucionarão a física; um diz respeito à natureza

---

1. H. Bergson, *Matéria e memória*, trad. Paulo Neves, São Paulo, Martins Fontes, 1990. [N.T.]
2. S. Freud, *A interpretação dos sonhos*, trad. Walderedo Ismael de Oliveira, Rio de Janeiro, Imago, 1972, 2 vols. [N.T.]
3. Exame que ocorre ao final dos estudos secundários e que dá acesso à faculdade (assemelha-se ao nosso vestibular). [N.T.]
4. H. Poincaré, *A ciência e a hipótese*, trad. Maria Auxiliadora Kneipp, Brasília, Editora UnB, 1988. [N.T.]

corpuscular da luz e dá nascimento à física quântica; outro, sobre a "eletrodinâmica dos corpos em movimento", funda a teoria da relatividade restrita, que será completada, em 1915, pela teoria da relatividade geral; Poincaré publica *O valor da ciência*.[5]

1906 Bachelard é convocado para o serviço militar, na cavalaria, como telegrafista do 12º Regimento de Dragões baseado em Pont-à-Mousson; nomeado brigadeiro em 5 de outubro, é liberado um ano mais tarde com um "certificado de boa conduta".

1907 Reintegrado na administração dos Correios, Bachelard é nomeado em Paris itinerante vinculado ao escritório da estação ferroviária do Leste; Bergson publica *A evolução criadora*[6]; nascimento de Kurt Gödel; morte de Mendeleiev, o inventor da tabela periódica dos elementos.

1908 Poincaré publica *Science et méthode* [*Ciência e método*]; nascimento de Albert Lautman.

1909 Bachelard é promovido a agente operador na central telefônica; obtém uma bolsa para inscrever-se em matemática especial no liceu Saint-Louis na qualidade de estudante livre; depois consegue outra, para seguir os cursos da faculdade de ciências; ele acumula os certificados (matemática geral, mecânica racional, cálculo diferencial e integral, física geral, física matemática e astronomia aprofundada).

---

5. H. Poincaré, *O valor da ciência*, trad. Maria Helena Franco Martins, Rio de Janeiro, Contraponto, 1995. [N.T.]
6. H. Bergson, *A evolução criadora*, trad. Adolfo Casais Monteiro, São Paulo, Editora Unesp, 2010. [N.T.]

1910   Poincaré publica *Savants et écrivains* [*Sábios e escritores*].[7]

1911   Jung publica *Símbolos da transformação*[8] (*Wandlungen und Symbole der Libido*), traduzido em francês como *Métamorphoses de l'âme et ses symboles* [*Metamorfoses da alma e seus símbolos*], o que causa sua ruptura com Freud.

1912   Bachelard gradua-se em matemática; passa em terceiro lugar no concurso dos alunos engenheiros dos Telégrafos, mas só há dois postos a serem preenchidos; Brunschvicg publica *Les Étapes de la pensée mathématique* [*As etapas do pensamento matemático*]; morte de Poincaré.

1914-18   Como as de toda a sua geração, a vida de Bachelard é perturbada pela guerra; ele se apressa em desposar a jovem professora Jeanne Rossi, conterrânea sua; de 2 de agosto de 1914 a 16 de março de 1919, é mobilizado nas unidades combatentes como telegrafista; em 1916 sua esposa, que havia contraído tuberculose, fica gravemente doente e não pode mais trabalhar; para compensar a perda de ganhos, Bachelard presta o exame dos oficiais; é nomeado subtenente em 20 de fevereiro de 1917; vai seguidamente ao front, durante 38 meses, e retorna são e salvo no fim de março de 1918, condecorado com a Cruz de Guerra e citado na ordem de sua

---

7. H. Poincaré, *Savants et écrivains*, Paris, Flammarion, 1910. [Ed. bras. (parcial): *Um poeta, um matemático e um físico: três ensaios biográficos por Henri Poincaré*, trad. Jorge Sotomayor, São Paulo, Edusp, 2008.]
8. C. G. Jung, *Símbolos da transformação*, trad. Eva Stern, Petrópolis, Vozes, 1973. [N.T.]

divisão por ter restabelecido sem cessar as linhas telefônicas danificadas pelo fogo inimigo.

1919 Bachelard obtém um posto de professor em sua cidade natal; deixa crescer a barba (sinal de republicanismo ou até mesmo de socialismo); a guerra esgotou todos os recursos das elites da República e a penúria é tal que ele ensina primeiramente história e geografia, antes de passar à física e à química (sua obra fará amiúde referência à sua experiência de professor de ciências naturais); sua filha, Suzanne, nasce em 18 de outubro; no mesmo ano, ele inicia os estudos de filosofia e aprende latim na qualidade de autodidata.

1920 A alegria de ter obtido, num só ano, sua licença[9] em filosofia é eclipsada pela morte de sua mulher; ele começa a preparar a agregação[10] de filosofia.

1921 Jung publica *Tipos psicológicos*[11]; Einstein recebe o prêmio Nobel de física (pelo artigo sobre os quanta); morte de Boutroux.

1922 Bachelard obtém a agregação de filosofia; recusa um posto no liceu para permanecer junto a sua filha no colégio de Bar; Bergson contesta, em *Duração e simultaneidade*[12], a interpretação da teoria da relatividade restrita, de

---

9. Grau do ensino superior francês, sem equivalente preciso em português, que equivale, na época de Bachelard, ao segundo ciclo universitário. [N.T.]
10. Concurso para admissão no quadro docente do segundo grau, também necessário para se tornar professor universitário adjunto. [N.T.]
11. C. G. Jung, *Tipos psicológicos*, trad. Álvaro Cabral, Petrópolis, Vozes, 1971. [N.T.]
12. H. Bergson, *Duração e simultaneidade*, trad. Cláudia Berliner, São Paulo, Martins Fontes, 2006. [N.T.]

	Einstein, para defender sua metafísica de um tempo absoluto; nascimento de Thomas Kuhn.
1923	O pai de Bachelard morre de um carbúnculo na nuca.
1924	Louis de Broglie defende sua tese de física, na qual demonstra a natureza ondulatória do elétron; estende assim à matéria a dualidade (onda-partícula) descoberta por Einstein a respeito da luz; Breton publica o primeiro *Manifesto do Surrealismo*[13]; nascimento de Gilbert Simondon.
1925	Morte da mãe de Bachelard; Heisenberg e Schrödinger desenvolvem quase simultaneamente duas formalizações diferentes, porém equivalentes, da mecânica quântica, a mecânica matricial e a mecânica ondulatória; Meyerson publica *La Déduction relativiste* [*A dedução relativista*], em que sustenta ser a teoria da relatividade o prolongamento da física clássica; Hans Reichenbach publica *Die Kausal-Strukture der Welt und der Unterschied von Vergangenheit und Zukunft* [*A estrutura causal do mundo e a distinção entre passado e futuro*].
1926	Gonseth publica *Les Fondements des mathématiques* [*Os fundamentos da matemática*]; Piaget publica *A representação do mundo na criança*.[14]
1927	Bachelard tem 43 anos e sua carreira filosófica está só começando; ele defende suas duas teses de filosofia (menção muito honrosa); a tese

---

13. A. Breton, *Manifestos do Surrealismo*, trad. Jorge Forbes, Rio de Janeiro, Nau, 2001. [N.T.]
14. J. Piaget, *A representação do mundo na criança*, trad. Adail Ubirajara Sobral, Aparecida, Ideias & Letras, 2005. [N.T.]

principal, *Ensaio sobre o conhecimento aproximado*, foi orientada por Abel Rey; a tese complementar, *Étude sur l'évolution d'un problème de physique: la propagation thermique dans les solides* [*Estudo sobre a evolução de um problema de física: a propagação térmica nos sólidos*], por Brunschvicg; aceita a proposta de Georges Davy para substituir Henri Gouhier a cada quinze dias na faculdade de Dijon; no congresso de física de Solvay, a interpretação da mecânica quântica dita "da escola de Copenhague" (defendida por Bohr, Born e Heisenberg) predomina sobre a interpretação da "dupla solução" (proposta por Broglie), apesar das resistências de Einstein e de Schrödinger; Bergson recebe o prêmio Nobel de literatura.

1928   Publicação das duas teses; o *Ensaio* é premiado pelo Instituto; Dirac elabora uma equação (a "equação de Dirac") que prediz a existência da antimatéria (pósitron); Carnap publica *Der logische Aufbau der Welt* [*A construção lógica do mundo*].

1929   Bachelard vai a Heidelberg em busca de livros alemães; participa das Décades de Pontigny, onde conhece o físico Paul Langevin; publica *La Valeur inductive de la relativité* [*O valor indutivo da relatividade*], cujo título é uma crítica de *La Déduction relativiste*, de Meyerson; Bachelard defende a novidade radical das inferências matemáticas nos trabalhos de Einstein; Broglie recebe o prêmio Nobel de física; Husserl pronuncia quatro conferências na Sorbonne (serão traduzidas em 1931 sob o título de *Méditations cartésiennes* [*Meditações cartesianas*]¹⁵), que introduzem a fenomenologia na França.

1930   Bachelard decide sair de Bar e instalar-se com a filha em Dijon, onde ocupa a cadeira de filosofia na faculdade de letras; nesse local dá aulas de filosofia, de psicologia e de literatura francesa, e reencontra o historiador, escritor e viticultor Gaston Roupnel, seu amigo; Breton publica o *Second Manifeste du Surréalisme* [*Segundo Manifesto do Surrealismo*], que abraça os ideais revolucionários comunistas.

1931   Gödel publica seu teorema da incompletude, abalando o programa de Hilbert.

1932   Bachelard publica *O pluralismo coerente da química moderna*, que opõe às intuições do realismo ingênuo a distribuição racional dos elementos no quadro de Mendeleiev, e seu estudo sobre *Siloë*, de Roupnel, *A intuição do instante*, que opõe à "duração" de Bergson a intuição poética de que existe somente o instante presente; Carnap publica *Die physikalische Sprache als Universalsprache der Wissenschaft* [*A língua da física como língua universal da ciência*]; Heisenberg recebe o prêmio Nobel de física.

1933   Hitler toma o poder na Alemanha; Bachelard publica *Les Intuitions atomistiques* [*As intuições atomísticas*], em que classifica as doutrinas atomistas e mostra o caráter axiomático e técnico do atomismo quântico; pronuncia uma conferência sobre "Física e matemática"; Marie

---

15. E. Husserl, *Meditações cartesianas*, trad. Frank de Oliveira, São Paulo, Madras, 2001. [N.T.]

Bonaparte publica *Edgar Poe: Étude psychanalytique* [*Edgar Poe: estudo psicanalítico*]; Dirac e Schrödinger recebem o prêmio Nobel de física; morte de Émile Meyerson.

1934 *O novo espírito científico* permite que Bachelard exponha sua concepção do progresso científico; publica "Pensée et langage" ["Pensamento e linguagem"]; em Cracóvia, no VI Congresso Internacional de Educação Moral, ele defende "La Valeur morale de la culture scientifique" ["O valor moral da cultura científica"]; nessa ocasião, conhece Piaget; representa a França em Praga no VII Congresso Internacional de Filosofia, do qual participam filósofos do Círculo de Viena; ainda aí encontra Roger Caillois, que o faz descobrir Lautréamont, e Cavaillès, com quem estabelece imediatamente "uma grande compreensão e uma sólida amizade"; Popper publica *A lógica da pesquisa científica*.[16]

1935 Sempre atento aos filósofos alemães, cujos trabalhos mostram a importância da relação entre a lógica e a epistemologia, Bachelard redige, na revista *Recherches Philosophiques*, uma resenha de *A lógica da pesquisa científica*, de Popper, de *Wahrscheinlichkeitslehre* [*Teoria das probabilidades*], de Reichenbach ("um modelo de filosofia científica e de ciência filosófica"), e de *Logik, Mathematik une Naturerkennen* [*Lógica, matemática e conhecimento da realidade*], de Hans Hahn; nascimento de "Nicolas Bourbaki" (nome que designa, de fato,

---

16. K. Popper, *A lógica da pesquisa científica*, trad. Leonidas Hegenberg e Octanny Silveira da Mota, São Paulo, Cultrix, 1993. [N.T.]

o grupo de matemáticos que pretendia modernizar a matemática).

1936 Vitória da Frente Popular; Bachelard publica "Le Surrationalisme" ["O surracionalismo"] em *Inquisitions*, "Logique et philosophie" ["Lógica e filosofia"] na revista *Recherches Philosophiques* e A dialética da duração; Carnap publica *Von Erkenntnistheorie zur Wissenschaftslogik* [*Da teoria do conhecimento à lógica da ciência*].

1937 No "Congresso Descartes", organizado por Brunschvicg e Bayer na Sorbonne, Bachelard dirige a seção "Unidade da ciência", da qual participam Carnap, Von Neurath e Reichenbach; nessa ocasião, constata sua convergência de pontos de vista com Gonseth e os dois projetam criar uma revista com o apoio de Federigo Enriques; em *A experiência do espaço na física contemporânea*, ele mostra que os "espaços" de Hilbert mudam radicalmente a noção de localização de um objeto na mecânica quântica; em 25 de agosto, recebe as insígnias de cavaleiro da Legião de Honra; Cavaillès publica *Méthode axiomatique et formalisme* [*Método axiomático e formalismo*] e *Remarques sur la formation de la théorie abstraite des ensembles* [*Observações sobre a formação da teoria abstrata dos conjuntos*]; Piaget publica *Construção do real na criança*[17]; Breton publica *L'Amour fou* [*O amor louco*].

1938 Bachelard publica *A formação do espírito científico* e *A psicanálise do fogo*; também prefacia

---

17. J. Piaget, *Construção do real na criança*, trad. Álvaro Cabral, Rio de Janeiro, Zahar, 1974. [N.T.]

a tradução de *Eu e tu*, de Martin Buber; o poeta Jean Lescure chama-o para a revista *Messages* e se torna um amigo íntimo; Bachelard convida Gonseth para pronunciar uma conferência na universidade de Dijon e, em troca, participa das "Entretiens de Zurich" ["Entrevistas de Zurique"] organizadas por Gonseth, e do colóquio de Amersfoort [Países Baixos], organizado pelo Instituto Internacional de Filosofia; em Gand [Bélgica], profere uma conferência na École des Hautes Études intitulada "La Psychanalyse de la connaissance objective" ["A psicanálise do conhecimento objetivo"]; Lautman publica *Essai sur les notions de structure et d'existence en mathématiques* [*Ensaios sobre as noções de estrutura e de existência na matemática*] e *Essai sur l'unité des sciences mathématiques* [*Ensaio sobre a unidade das ciências matemáticas*]; morte de Husserl.

1939　Início da Segunda Guerra Mundial; Bachelard publica dois artigos sobre a poesia de Isidore Ducasse que formarão, um ano mais tarde, a matéria de seu *Lautréamont*; dirige os trabalhos sobre "o destino" nas Décades de Pontigny, onde encontra Brunschvicg e mantém contatos com Vladimir Jankélévitch, Henri Focillon, Suzanne Délorme e Jean Wahl, entre outros; Bourbaki publica o primeiro volume dos *Éléments de mathématiques* [*Elementos de matemática*]; morte de Freud.

1940　Afetado pela *Débâcle*[18], Bachelard passa mal antes de um curso; embora se recuse obstinadamente

---

18. Caótica fuga em massa, devido à invasão das tropas alemãs, de holandeses, belgas, luxemburgueses e franceses (cerca de 10 milhões de

a ser eleito como decano da faculdade de Dijon, com a morte de Rey ele aceita sucedê-lo na cadeira de história e de filosofia das ciências da Sorbonne; também recupera a direção do Institut d'Histoire des Sciences (IHS); publica "La Pensée axiomatique" ["O pensamento axiomático"] em Études philosophiques [*Estudos filosóficos*] e *A filosofia do não*; encontra-se com René Laforgue, que o introduz no meio psicanalítico francês; por ocasião de um retorno a Bar, descobre que a casa de sua família foi pilhada; em represália à manifestação de 11 de novembro, a Sorbonne é fechada até o final do ano pelos alemães.

1941 Bachelard dá sua aula inaugural em 1º de janeiro; seu curso oferece dois temas em paralelo: "Os contatos do pensamento matemático e do real" e "A metafísica da imaginação"; ele se rejubila com a nomeação de Cavaillès como professor da Sorbonne; não tem mais os contatos e os recursos para trabalhar sobre a ciência; a rusticidade de suas origens e a força de sua alma ajudam-no a suportar as privações durante esse período em que lhe falta até mesmo um pedaço de vela; sua barba se torna branca; morte de Bergson.

1942 Em junho, Bachelard sente um choque ao ler o poema "Liberté" ["Liberdade"] num folheto anônimo que circula na Sorbonne; Lescure informa-o que seu autor é Paul Éluard, seu poeta preferido, de quem tomou o verso "Não se

---

pessoas) para o sul da França. Muitos pereceram devido aos ataques da Luftwaffe, famílias se dispersaram e cerca de 90 mil crianças, segundo a Cruz Vermelha, perderam-se de seus pais, criando uma desorganização social traumática. [N.T.]

deve ver a realidade tal como sou" como epígrafe de *A psicanálise do fogo*; Cavaillès, chefe de um movimento da Resistência, é preso em setembro; Piaget publica *Classes, relations et nombres: essai sur les groupements de la logistique et sur la réversibilité de la pensée* [*Classes, relações e números: ensaio sobre os agrupamentos da logística e sobre a reversibilidade do pensamento*].

1943 Cavaillès foge da prisão em fevereiro; Bachelard publica *O ar e os sonhos*, assim como artigos sobre a imaginação aérea; Cavaillès é capturado em 28 de agosto; amigo de Cavaillès e membro da Resistência, Canguilhem publica sua tese de medicina, *Essai sur quelques problèmes concernant le normal et le pathologique* [*Ensaio sobre alguns problemas concernindo o normal e o patológico*]; morte de Hilbert.

1944 No "Vigésimo aniversário da mecânica ondulatória", Bachelard pronuncia uma conferência sobre "A filosofia da mecânica ondulatória"; redige uma introdução para *O relato de Arthur Gordon Pym*, de Poe; na Liberação, descobrirá que sua casa de Dijon foi pilhada; durante o verão, retoma seus trabalhos sobre a ciência; Jung publica *Psicologia e alquimia*[19]; morte de Brunschvicg; morte de Cavaillès e de Lautman, fuzilados pelos alemães por atos de resistência.

1945 Bachelard acolhe a Sociedade Francesa de Psicanálise na Rue du Four[20], presta uma homenagem

---

19. C. G. Jung, *Psicologia e alquimia*, trad. Maria Luiza Appy, Margaret Makrai e Dora Ferreira da Silva, Petrópolis, Vozes, 1991. [N.T.]
20. Sorbonne. [N.T.]

a seu "mestre" em "La Philosophie scientifique de Léon Brunschvicg" e participa de *Rêves d'encre* [*Sonhos de tinta*] com Paul Éluard, que lhe havia sido apresentado por Lescure.

1946   Após seus estudos em matemática, Suzanne Bachelard se torna professora de filosofia.

1947   Bachelard escreve um artigo para o primeiro número da revista *Dialectica*, que ele havia fundado com Paul Bernays e Gonseth; prefacia *Sur la Logique et la théorie de la science* [*Sobre a lógica e a teoria da ciência*], de Cavaillès; no rádio, fala sobre a poesia de William Blake, sobre a "maravilha científica" e sobre psicanálise (com Marie Bonaparte).

1948   Bachelard publica *A terra e os devaneios da vontade* e *A terra e os devaneios do repouso*; em junho, no rádio, celebra a memória dos cientistas republicanos e socialistas de 1848.

1949   *O racionalismo aplicado* assinala o grande retorno de Bachelard à epistemologia; ele participa do Congresso Internacional de Filosofia das Ciências com Jacques Hadamard, Broglie, Lalande e Maurice Fréchet, principalmente; escreve sobre os "métodos científicos" nas *Actes du Congrès d'histoire des sciences*; é o único filósofo francês convidado a contribuir, ao lado de todos os grandes nomes da física, com a obra coletiva publicada em honra a Albert Einstein em seu septuagésimo aniversário: *Albert Einstein Philosopher-Scientist* (seu texto intitula-se "The Philosophical Dialectic of the Concept of Relativity" ["A dialética filosófica do conceito de relatividade"]).

1950 Bachelard homenageia Cavaillès, participa de *Mélanges* [*Miscelânea*] em honra a Gonseth e dá uma conferência na Sociedade Francesa de Filosofia sobre "a natureza do racionalismo"; colabora com o artista André Flocon; Suzanne é nomeada professora na École Normale Supérieure de Sèvres; Julien Benda critica Bachelard, assim como Bergson, por seu "mobilismo" em *De Quelques Constantes de l'esprit humain* [*De algumas constantes do espírito humano*]; Bachelard é atacado pela revista comunista *La Pensée*; Piaget publica *Introduction à l'épistémologie génétique I, II e III*.

1951 Em janeiro, Bachelard publica *L'Activité rationaliste de la physique contemporaine* [*A atividade racionalista da psique contemporânea*]; em fevereiro, Étienne Gilson pede demissão do Collège de France; membros do Collège solicitam Bachelard; Maurice Merleau-Ponty, que havia se apresentado, fica sabendo disso e desiste em seu favor; Bachelard recusa e Merleau-Ponty é eleito; Bachelard publica "Les Tâches de la philosophie des sciences" ["As tarefas da filosofia das ciências"], dá uma conferência sobre "L'Actualité de l'histoire des sciences" ["A atualidade da história das ciências"] no Palais de la Découverte e visita o ateliê de Chagall; é nomeado oficial da Legião de Honra.

1952 Bachelard pronuncia uma conferência sobre "La Vocation scientifique et l'âme humaine" ["A vocação científica e a alma humana"] nos Encontros Internacionais de Genebra, onde dialoga com Gonseth, Schrödinger, Wahl e Éric Weil. Jean Lescure e Jean Amrouche realizam uma série de dez entrevistas radiofônicas com ele; morte de Éluard em 18 de novembro.

1953 *Le Matérialisme rationnel* [*O materialismo racional*] completa as análises de *O racionalismo aplicado*; Bachelard homenageia Éluard; preside as duas sessões da Sociedade Francesa de Filosofia, uma com Ferdinand Alquié, outra com Broglie; participa da XVIIe Semaine de Synthèse e torna-se membro do conselho de administração (e depois do comitê diretor) do Centre International de Synthèse; no final do ano, vende sua casa de Bar; Popper publica *Conjecturas e refutações*.[21]

1954 Bachelard está com setenta anos, o limite de idade para lecionar na Sorbonne; mas obtém uma prorrogação como professor honorário para o ano letivo de 1954-1955, durante o qual substitui seu amigo Bayer; morte de Le Roy.

1955 Bachelard dá seu último curso em 19 de janeiro, que termina com estas palavras: "Eu me dediquei ao ensino"; em 7 de julho aplica seu último exame de licenciatura; Canguilhem o substitui na Sorbonne e depois à frente do IHS; Bachelard entra para a Academia das Ciências Morais e Políticas, ocupando a cadeira de Édouard Le Roy.

1956 Bachelard deixa a presidência da Sociedade Francesa de Filosofia.

1957 Bachelard colabora novamente com Flocon; escreve "Le Nouvel Esprit scientifique et la création des valeurs rationnelles" ["O novo espírito

---

21. K. Popper, *Conjecturas e refutações*, trad. Sergio Bath, Brasília, Editora UnB, 1980. [N.T.]

científico e a criação dos valores racionais"] para a *Encyclopédie française* e publica *A poética do espaço*; Suzanne defende sua tese em filosofia, consegue um posto de docente na Universidade de Lille e publica *La Logique d'Husserl* [*A lógica de Husserl*], assim como sua tradução de *Formale und Transzendentale Logik* [*Lógica formal e lógica transcendental*], de Husserl; durante o inverno, Bachelard sente dores insuportáveis nas pernas; publicação de *Hommage à Gaston Bachelard: études de philosophie et d'histoire des sciences* [*Homenagem a Gaston Bachelard: estudos de filosofia e de história das ciências*].

1958   A saúde de Bachelard se torna cada vez mais preocupante e o impede de trabalhar como desejaria; prefacia *L'Ordre des choses* [*A ordem das coisas*], de Jacques Brosse; Suzanne publica *La Conscience de rationalité* [*A consciência da racionalidade*]; Simondon publica *Du Mode d'existence des objets techniques* [*Do modo de existência dos objetos técnicos*].

1960   Bachelard publica *A poética do devaneio*; faz sua última passagem pelo rádio em 1º de abril; é nomeado comendador da Legião de Honra em 18 de maio; sofre de reumatismo, de uma ferida no pé que o impede de andar e de uma ancilose da mão direita que quase o impede de escrever.

1961   Bachelard publica *A chama de uma vela* e recebe o Grande Prêmio Nacional das Letras; os livros acumularam-se de tal modo em seu apartamento que a circulação se torna difícil; ele sofre de úlceras; o dr. Mallarmé diagnostica uma inflamação arterial e depois descobre uma leucemia jamais tratada; doravante, Bachelard recusa qualquer convite, mas trabalha num manuscrito sobre a poética do fogo, *Le Phénix* [*A fênix*]; morte de Jung.

1962 Bachelard é hospitalizado em Paris; na noite de 15 de outubro, pede em vão para falar com a filha, assim como com Lescure e Canguilhem; morre no dia seguinte, em torno das treze horas; é enterrado três dias depois em Bar-sur--Aube, junto de sua mulher; Kuhn publica *A estrutura das revoluções científicas*.

Introdução

Gaston Bachelard (1884-1962) é uma figura exemplar e um pensador considerável: bolsista de origem modesta, glória da escola laica da Terceira República, galgou escalões difíceis para, de estagiário dos Correios e Telégrafos de Remiremont em 1903, chegar à cátedra de história e de filosofia das ciências da Sorbonne em 1940; pensador não convencional, elaborou uma epistemologia potente e rigorosa apoiando-se em seu sólido conhecimento de química e física, mas também revolucionou profundamente a abordagem da poesia ao mobilizar teorias de *avant-garde* (como a psicanálise). Guiado por um desejo polimorfo — compreender o progresso do espírito humano —, deixou uma obra abundante e frequentemente desconcertante, que apresenta uma vertente epistemológica e uma vertente literária, cuja coerência é pouco evidente. Isso a ponto de se ouvir falar às vezes de "dois" Bachelard, o dos filósofos das ciências e o dos poetas, e a maior parte dos leitores só conhecer um deles.

Tentarei aqui unir as duas pontas, convencido de que há forte unidade das pesquisas bachelardianas e que ela se deve à *concepção dinâmica do espírito*[1] que as go-

---

1. D. Lecourt, *Bachelard: le jour et la nuit*, Paris, Grasset, 1974, p. 32: "Parece que uma tese única sobre o 'dinamismo' do pensamento seja o traço de união que os liga: dinamismo do movimento dos conceitos científicos e dinamismo da imaginação produtora das imagens poéticas".

verna. O espírito jamais é inerte: está em movimento, submetido sem cessar a campos de forças. A razão é uma delas e sua dinâmica é o progresso do conhecimento; a imaginação é outra força que conduz à divagação; o movimento do espírito desdobra-se segundo essa polaridade.

Em uma primeira aproximação, para Bachelard, raciocinar e imaginar apresentam-se, dessa forma, como dinâmicas contrárias.[2] O cientista deve resistir à inclinação imaginativa da linguagem para elaborar rigorosamente seus conceitos; o poeta deve escapar da estrutura simplesmente lógica da linguagem para produzir metáforas inesperadas. A razão científica e a imaginação poética têm em comum, todavia, o fato de porem o espírito em movimento, de não se satisfazerem com as primeiras evidências, nem de recortarem a realidade pelos vieses do hábito e do senso comum. Elas conduzem a intuições retificadas; elas se dedicam ao que Bachelard chama de *induções**.[3]

Assim, os conceitos da física contemporânea afastam irreversivelmente o espírito das primeiras intuições do realismo ingênuo. A física matemática, em particular, ensina o espírito a se desfazer da certeza de que o real é constituído de "coisas", para só inferir a realidade dos fenômenos a partir das variáveis das equações. O matematicamente pensável *induz* o fisicamente possível:

> O mundo real e o *determinismo dinâmico* que ele implica demandam outras *intuições, intuições dinâmicas* para as quais seria preciso um novo vocabulário filosófico.

---

2. G. Bachelard, *La Psychanalyse du feu*, Paris, Gallimard, 1949, p. 12: "Os eixos da poesia e da ciência são a princípio inversos". [Ed. bras.: *A psicanálise do fogo*, trad. Paulo Neves da Silva, São Paulo, Martins Fontes, 1999.]
3. * Todas as palavras marcadas com asterisco remetem ao glossário.

Se a palavra "indução" já não tivesse tantos sentidos, proporíamos aplicá-la a essas intuições dinâmicas.[4] Por sua profundidade e justeza, as imagens poéticas rompem também com as convenções da linguagem usual, com a realidade superficial composta de imagens evidentes. A poesia é emocionante se desposa o ritmo íntimo e as forças elementares do inconsciente:

> Somente uma simpatia por uma matéria pode determinar uma participação realmente ativa — que de bom grado chamaríamos de *indução* se o termo já não tivesse sido utilizado pela psicologia do raciocínio. Seria, entretanto, na vida das imagens que poderíamos sentir a vontade de condução. Somente essa *indução material e dinâmica*, essa "dução" pela intimidade do real, pode *provocar nosso ser íntimo*.[5]

Portanto, a poesia também *induz* outro olhar sobre o mundo.

Tal é o postulado do pensamento bachelardiano: as intuições dinâmicas do espírito nascem por "indução". A indução de que se trata nada tem a ver com o raciocínio indutivo dos empiristas. Não se trata de generalizar observações, mas de inferir uma força a partir do movimento de um conceito ou de uma imagem, e de medir os efeitos *induzidos* em nosso espírito. Essa indução é concebida por analogia com a indução eletromagnética[6]:

---

4. G. Bachelard, *L'Activité rationaliste de la physique contemporaine*, Paris, PUF, 1951, p. 214.
5. G. Bachelard, *L'Air et les songes*, Paris, José Corti, 1987, p. 15. [Ed. bras.: *O ar e os sonhos*, trad. Antônio de Pádua Danesi, São Paulo, Martins Fontes, 2001.]
6. C. Alunni, "Relativités et puissances spectrales chez Gaston Bachelard", *Revue de Synthèse*, n. 1, pp. 73-110, 1999.

o deslocamento de um ímã através de uma bobina nela induz uma corrente elétrica; a corrente, ao circular numa bobina elétrica, induz um campo magnético em torno dela. A formulação analógica da indução convém tanto ao devaneio como ao trabalho da razão. Ela conjuga aquilo que inicialmente se opunha: se o espírito científico encontra em algumas abstrações a ocasião de imaginar a realidade física de outra forma, ao seguir as metáforas de um poeta, o espírito imaginativo descobre uma solidariedade cristalina, uma coerência insuspeitada entre as imagens. O pensamento de Bachelard não opõe de forma alguma cultura científica e cultura literária — ele as combina sem confundi-las: ele conjuga as dinâmicas do espírito.

Ainda em nossos dias, Bachelard tem a imagem de um filósofo *escolar*. Formado pela instituição escolar, ele próprio tomou o lugar dos *hussards noirs de la IIIe République*.[7] A um questionamento de Léon Brunschvicg*, que se surpreende com o fato de que seus livros atribuam tanta importância à pedagogia das noções científicas, Bachelard responde que ele é "provavelmente mais professor que filósofo".[8] Sua obra demonstra seu apego indefectível à função de despertar espíritos. Aos 65 anos, ele continuava a definir o esforço racionalista (para se colocar no nível da ciência contemporânea) por esta máxima:

---

7. A partir de 1913, *hussards noirs*, por analogia com os uniformes pretos que usavam, passa a ser a alcunha dada aos jovens professores públicos, que tinham por missão desfazer a última e mais temível das desigualdades advindas do nascimento: a desigualdade de educação. Isso ocorre após a separação, em 1905, do Estado e da Igreja na França, e da "lei Jules Ferry", que assegura a instrução obrigatória, gratuita e laica a todas as crianças a partir dos seis anos de idade. [N.T.]

8. G. Bachelard, *Le Rationalisme appliqué*, Paris, PUF, 1949, p. 12. [Ed. bras.: *O racionalismo aplicado*, trad. Nathanael Caixeiro, Rio de Janeiro, Zahar, 1977.]

É preciso retornar à escola, à escola tal como ela é, à escola tal como ela evolui, no pensamento social que a transforma.⁹

Para além do reconhecimento por uma instituição republicana e progressista, ou da homenagem feita a uma profissão exercida por tantos anos, a originalidade de Bachelard se deve ao fato de que a "Escola" constitui verdadeiramente a matriz de sua reflexão sobre a dinâmica do espírito. Essa Escola da qual ele tem uma elevada ideia não tem por tarefa inculcar o sentido da ordem estabelecida, nem de celebrar a autoridade dos mestres e a docilidade dos alunos. É preciso livrar-se dessas más lembranças de estudante e, em primeiro lugar, da marca dos mestres dogmáticos incapazes de apreender por que o aluno não compreende o que se lhe explica, por que ele não obedece quando se lhe ordena que admita uma verdade preconcebida. O mau pedagogo acredita deparar-se com um espírito virgem, quando deveria começar por desarmar os preconceitos e por domar as precipitações do espírito.

A essa escolaridade que paralisa, Bachelard opõe a formação contínua do espírito do pesquisador: A Escola *continua* ao longo de toda uma vida. Uma cultura bloqueada num tempo escolar é a própria negação da cultura científica. Só há ciência por meio de uma Escola permanente.¹⁰

---

9. G. Bachelard, *L'Activité rationaliste de la physique contemporaine*, op. cit., p. 6.
10. G. Bachelard, *La Formation de l'esprit scientifique*, Paris, Vrin, 2004, p. 252. [Ed. bras.: *A formação do espírito científico*, trad. Estela dos Santos Abreu, Rio de Janeiro, Contraponto, 1996.] Essa posição tem um alcance político, como mostra o final da citação: "É essa escola que a ciência deve fundar. Assim, os interesses sociais serão definitivamente invertidos: a Sociedade será feita pela Escola, e não a Escola pela Sociedade."

Na Escola ideal, o filósofo não somente ocupa a posição do espírito que ensina, mas também a do espírito que aprende[11]: a inversão dos papéis é necessária a fim de que a corrente de pensamento seja alternada.[12] Uma transmissão bem-sucedida restitui sua mobilidade tanto ao espírito que ensina como ao que aprende, pois o espírito científico tem vocação para transmitir mais que um corpo de conhecimentos coerentes, porém estáticos: ele deve transmitir ao mesmo tempo a dinâmica de sua renovação. Todo pesquisador deve participar dessa constante troca que anima a "comunidade científica" em que cada um é, por sua vez, aquele que ensina e aquele que aprende:

> Num laboratório, um jovem pesquisador pode adquirir um conhecimento tão aprofundado de uma técnica ou de uma tese que se torna, nesse ponto, mestre de seu mestre.[13]

Um espírito científico não fica, portanto, encolhido sobre um saber fechado e definitivo: ele apreende a pesquisa como um processo aberto, um convite para pôr à prova as hierarquias de valor e todos os dogmas. A mesma análise vale para o espírito poético: se Éluard escreveu que "o poeta é muito mais aquele que inspira que aquele que é inspirado"[14], Bachelard acrescenta: "Abrindo-nos uma via de inspiração, ele nos transmite uma dinâmica de despertar."[15]

---

11. "Permanecer um estudante deve ser o desejo secreto de um mestre." G. Bachelard, *Le Rationalisme appliqué*, op. cit., p. 23.
12. "Quem é ensinado deve ensinar. Uma instrução que se recebe sem transmiti-la forma espíritos sem dinamismo, sem autocrítica." G. Bachelard, *La Formation de l'esprit scientifique*, op. cit., p. 244.
13. G. Bachelard, *Le Rationalisme appliqué*, op. cit., p. 23.
14. P. Éluard, *Ralentir Travaux*, Paris, José Corti, 1930.
15. G. Bachelard, *Le Droit de rêver*, Paris, PUF, 2001, p. 173. [Ed. bras.: *O direito de sonhar*, trad. José Américo Motta Pessanha, São Paulo, Difel, 1985.]

Não é desvalorizador que tal pensamento, antes de tudo *estudioso*, seja considerado como "escolar" — com a condição de jamais ser confundido com uma reflexão *escolástica*. As considerações de ordem pedagógica na obra de Bachelard estão intimamente ligadas com sua percepção do valor da *novidade*, sejam movimentos literários ou teorias científicas, e com seu cuidado em defendê-los contra as assimilações abusivas às formas fixas ou retrógradas.

Assim, a cientificidade consiste, aos seus olhos, muito mais no esforço para se livrar de antigas concepções em proveito de outras mais justas que numa organização lógica e coerente do saber. Bachelard presta mais atenção à transmissão do saber que à sua fundação, dado que o sentido de um conceito nunca é tão claro como quando ele se retifica:

> É aí que é escrita a história dinâmica do pensamento. *É no instante em que um conceito muda de sentido que ele tem mais sentido*, é então que se torna, verdadeiramente, um acontecimento da conceptualização.[16]

Isso vale em todos os níveis, tanto para o pesquisador que amplia os horizontes da ciência quanto para o aluno que nela dá seus primeiros passos: o espírito científico progride sempre por uma retificação de seus conhecimentos que permitem sua extensão. O espírito só compreende também sua progressão, nos dois casos, *a posteriori*. O estudo do progresso deve ser ao mesmo tempo psicológico e filosófico. A análise bachelardiana é uma dinâmica: ela compreende as imagens e os conceitos seguindo-os através de suas transformações.

---

16. G. Bachelard, *Le Nouvel Esprit scientifique*, Paris, PUF, 1983, p. 56. [Ed. bras.: *O novo espírito científico*, trad. Juvenal Hahne Júnior, Rio de Janeiro, Tempo Brasileiro, 1985.]

A abundante obra de Bachelard é, por esse motivo, dificilmente resumível. Seria injusto querer resumi-la a um sistema de pensamento independentemente de suas aplicações, que jamais são triviais. Poremos então aqui à prova a hipótese de que a unidade do pensamento de Bachelard consiste em sua compreensão dinâmica dos progressos do espírito, esforçando-nos para isolar as *invariantes das variações* de suas reflexões sobre a ciência, sobre a filosofia, assim como sobre a imaginação e o tempo.

Em primeiro lugar, estudaremos a concepção de Bachelard sobre o progresso das ciências, insistindo sobre o caráter *trans-histórico* de sua epistemologia: ela visa a compreender a cientificidade através de suas transformações históricas. Em seguida, consideraremos o modo pelo qual a própria filosofia se encontra reformada por essa exigência de *contemporaneidade relativa* com as ciências. Num terceiro momento, veremos como os estudos da imaginação literária elaborados por Bachelard possuem uma unidade operatória, apesar da flutuação das referências metodológicas. Esse método liga-se às meditações sobre a descontinuidade do tempo, a *ritmanálise* que constitui, em nossa avaliação, um pico especulativo a partir do qual se compreendem as múltiplas facetas de sua obra. Por esse percurso, na falta de uma cartografia completa, esperamos oferecer balizas, uma orientação. Por fim, esboçaremos uma genealogia do *bachelardismo* e examinaremos suas promessas de futuro.

I
Uma epistemologia *trans*-histórica

A filosofia das ciências de Bachelard é uma "epistemologia histórica".[1] É o que se diz para ressaltar sua originalidade em relação às outras filosofias das ciências da mesma época. O pragmatismo de William James[2] afirma que a verdade é relativa aos procedimentos de verificações. Para o neokantiano Ernst Cassirer[3], as condições da objetividade científica derivam das categorias transcendentais do sujeito. O positivismo lógico do Círculo de Viena[4] funda a validade das ciências sobre a consistência lógica das teorias e sobre sua ancoragem na experiência por meio de enunciados protocolares. Todos compartilham, a despeito de diferenças manifestas, uma abordagem *anistórica*, isto é, que não leva em conta o ponto de vista histórico. Em contrapartida, é impossível, para

---

1. Essa denominação, encontrada por ocasião de uma conversa com Canguilhem, foi popularizada por Dominique Lecourt em *L'Épistémologie historique de Gaston Bachelard* (Paris, Vrin, 1969).
2. William James (1842-1910), psicólogo e filósofo americano, fundador do pragmatismo.
3. Ernst Cassirer (1874-1945), filósofo alemão, continuador do neokantismo da escola de Marburg.
4. Clube filosófico, em atividade de 1929 a 1936 em Viena, que promovia o positivismo lógico, do qual fizeram parte Moritz Schlick, Hans Hahn, Rudolf Carnap, Otto Neurath e outros cientistas e filósofos.

Bachelard, apreender a cientificidade de um conceito ou de uma teoria sem uma perspectiva histórica. Entretanto, qualificar sua epistemologia de "histórica" não expressa suficientemente sua originalidade em relação à filosofia francesa das ciências advinda de Auguste Comte.[5] O positivismo já repousava sobre a contextualização do progresso dos conhecimentos e dos métodos científicos. Segundo o esquema positivista, as ciências desenvolvem-se historicamente segundo uma lógica enciclopédica: a partir da ciência da realidade mais abstrata e mais simples (matemática), até a ciência da realidade mais complexa (sociologia), passando pela física, pela química e pela biologia. Em cada uma dessas disciplinas, uma vez atingido o estado positivo (depois dos estados religioso e metafísico), considera-se que o progresso opera por *acumulação contínua*. Apesar de críticos em relação ao positivismo, o espiritualismo racionalista de Léon Brunschvicg* e o cientificismo de Abel Rey[6] prolongam, cada um a seu modo, esse modelo cumulativo. Bachelard retoma do primeiro de seus "mestres" o projeto de retraçar a gênese do Espírito através da história das ciências; ele segue o segundo quando reduz a formação do espírito racional ao progresso da ciência e quando recusa que a filosofia prescreva suas tarefas à ciência.

---

5. Auguste Comte (1798-1857), filósofo francês, fundador do positivismo e inventor da sociologia. Sua "lei dos três estados", segundo a qual a explicação dos fenômenos é inicialmente religiosa, depois metafísica, antes de ser positiva, isto é, fundamentada na ciência experimental, fazia parte da bagagem intelectual clássica. Em *A formação do espírito científico*, Bachelard a substitui por uma nova periodização entre o estado pré-científico, o estado científico (a partir do século XVII) e o "novo espírito científico" (a partir de 1905).
6. Abel Rey (1873-1940), filósofo francês, fundador do Institut d'Histoire des Sciences.

Contudo, a *filosofia científica* de Bachelard rompe claramente com essa tradição, pois abandona a hipótese de um progresso *contínuo* dos conhecimentos: os verdadeiros progressos da ciência não se operam por acumulação gradual, mas por bruscas reorganizações que representam descontinuidades na história das ciências. Bachelard radicaliza assim uma distinção, feita pelo próprio Comte, entre a exposição dos conhecimentos científicos segundo a ordem *histórica* e segundo a ordem *dogmática*. A ordem histórica é aquela na qual os conhecimentos foram produzidos; não é a ordem na qual um manual científico deve apresentá-los: antigamente, para se formar, os geômetras liam primeiro os *Elementos*, de Euclides, e em seguida as obras de seus sucessores; doravante eles abordam diretamente uma síntese que esclarece suas bases. Bachelard dá prioridade à ordem das razões sobre a ordem histórica para compreender o progresso das ciências, mas insiste, por outro lado, sobre a ruptura* introduzida pelas fases racionais de refundação: a teoria da relatividade restrita de Einstein* substitui e refunda as teorias da mecânica clássica e do eletromagnetismo, e mostra que a ciência progride mudando de bases. Essas fases revolucionárias introduzem uma descontinuidade fundamental na marcha irreversível da ciência. Em todas as vezes, o progresso implica um esforço no qual o espírito científico se violenta para se afastar de uma concepção antiga e adotar uma verdade nova — e, portanto, a princípio estranha.

A introdução de conceitos como *obstáculo**, *ruptura* e *recorrência** epistemológicos (que estudaremos em detalhes) corresponde então a uma hipótese quanto ao andamento e ao ritmo dos progressos do espírito científico: eles se produzem de modo intermitente, descontínuo, por esses "sobressaltos do gênio científico que trazem impulsos inesperados no decorrer do desenvolvimento científico".⁷ Isso implica uma nova divisão entre as tarefas respectivas do historiador e do filósofo das ciências:

> O historiador das ciências deve tomar as ideias como fatos. O epistemólogo deve tomar os fatos como ideias, inserindo-os num sistema de pensamento.⁸

O sentido de uma descoberta científica varia, assim, segundo a consideremos sob um ângulo histórico, caso em que se apresenta sua emergência a partir de concepções de seu tempo, indo a explicação do passado para o presente; ou então sob o ângulo epistemológico, caso em que ela é derivada de princípios teóricos à luz dos conhecimentos atuais. A história não deve projetar os conhecimentos atuais sobre o passado:

> Se o historiador impõe os valores de seu tempo à determinação de valores de tempos pretéritos, será acusado, com razão, de seguir o mito do progresso.⁹

Um erro clássico consiste em querer encontrar inúmeros "precursores" dos conceitos atuais entre os cientistas do passado.¹⁰ Em contrapartida, o epistemólogo deve avaliar a ciência passada em função do estado presente: em sua perspectiva, "a história das ciências é necessariamente a determinação dos sucessivos valores de progresso do pensamento científico".¹¹

---

7. G. Bachelard, *L'Activité rationaliste de la physique contemporaine*, op. cit., p. 25.
8. G. Bachelard, *La Formation de l'esprit scientifique*, op. cit., p. 17.
9. G. Bachelard, *L'Activité rationaliste de la physique contemporaine*, op. cit., p. 24.
10. G. Canguilhem, "L'Objet de l'histoire des sciences", in: *Études d'histoire et de philosophie des sciences*, Paris, Vrin, 1968, p. 21.
11. G. Bachelard, G. *L'Engagement rationaliste*, Paris, PUF, 1972, p. 138.

Há, claro, uma dualidade, mas não incompatibilidade, entre os métodos do historiador e do epistemólogo. E duas aplicações são possíveis entre essas disciplinas complementares: da epistemologia para a história e da história para a epistemologia. Dominique Lecourt qualificou os trabalhos de Bachelard de "epistemologia histórica", enquanto Georges Canguilhem preferia "*história epistemológica*".[12] De nosso ponto de vista, as duas são justas: uma história epistemológica consiste em retraçar a ordem histórica das descobertas, esclarecendo alternativamente, pelos conhecimentos da época e pela ciência atual, segundo um revezamento dos pontos de vista que os historiadores contemporâneos designam como o que define as perspectivas "historicistas" e "presentistas".[13] Isso corresponde às análises que Bachelard faz em *Étude sur l'évolution d'un problème de physique: la propagation thermique dans les solides*, mas no restante de sua obra ele é, antes de tudo, um filósofo das ciências.

Numa epistemologia histórica, a história serve para colocar em perspectiva os progressos de uma linhagem científica. Bachelard estabelece filiações entre as teorias do passado; celebra a novidade e a *finesse* das concepções presentes; percebe o futuro das ciências como um horizonte aberto na direção do qual guiar o maior número. Ele adota espontaneamente as recomendações da *Retórica*, de Aristóteles: quando trata do passado, é para julgar; quando aborda o presente, seu discurso toma a forma epidíctica (avalia o que é belo e bom); por fim, quando trata do futuro, toma um viés político, defendendo o progresso. O que está em jogo é saber se, para

---

12. J. Gayon, "Bachelard et l'histoire des sciences", in: J.-J. Wunenburger (Org.), *Bachelard et l'épistémologie française*, Paris, PUF, 2003, p. 53.
13. R. Koselleck, *Futures Past: On the Semantics of Historical Time*, Cambridge, MA, MIT Press, 1985.

além da retórica, isso constitui mesmo um "método" e em que este último consiste.

Seja na "história epistemológica" ou na "epistemologia histórica", encontra-se a mesma articulação entre, por um lado, objetos históricos postos em série e, por outro lado, normas epistemológicas (uma ligada ao presente, outra ao contexto do objeto estudado). O que torna essa articulação delicada é o fato de que os objetos e as normas que lhes são aplicadas têm a mesma natureza, ou são até mesmo confundidos quando se trata de avaliar epistemologicamente um objeto contemporâneo (que será então, ele mesmo, sua própria norma). Dito de outra maneira, o método repousa, nos dois casos, sobre a relação entre o objeto científico estudado e a norma científica adotada para avaliá-lo.[14] Ele visa a estabelecer não um acordo momentâneo entre ciência e filosofia, mas a instaurar sua conexão para que a filosofia evolua no mesmo ritmo que a ciência.

Por isso diremos que a filosofia científica de Bachelard é uma "epistemologia *trans*-histórica": sua intenção não é julgar a história das ciências a partir de um ponto de vista epistemológico historicamente fixo e privilegiado, mas a partir de qualquer ponto de sua história (o que não impede a existência de alguns momentos privilegiados para desenvolver tal epistemologia, em particular as fases

---

14. M. Pêcheux e M. Fichant, *Sur l'Histoire des sciences*, Paris, Maspéro, 1969, p. 137: "*L'histoire des sciences est épistémologie et philosophie en act précisément parce que la constitutuion de son objet passe par le jeu de la double réference, scientifique (objet du choix épistémologique) et épistémologique (objet du choix philosophique qui est un choix au second degré, le choix d'un choix), qui fonde la récurrence*" [A história das ciências é epistemologia e filosofia em ato precisamente porque a constituição de seu objeto passa pelo jogo da dupla referência, científica (objeto da escolha epistemológica) e epistemológica (objeto da escolha filosófica, que é uma escolha de segundo grau, a escolha de uma escolha), que funda a recorrência] (Fichant).

nas quais a ciência ultrapassa uma crise, refundando-se em novas bases). Bachelard é contemporâneo de Einstein, ou melhor: ele se faz o contemporâneo desse cientista, e convida-nos a renovar esse esforço. Sua hipótese é que o espírito científico possui, a cada momento de sua história, *um passado, um presente e um futuro*.

Seu passado é constituído por suas concepções errôneas, isto é, as evidências e as ilusões que precisou rechaçar para desenvolver-se racionalmente, mas também as teorias que precisou rejeitar para substituí-las por outras mais justas. O que Bachelard chama de história *obsoleta*[15] das ciências é a ciência que deixou de ser adequada. Frequentemente é a ciência, sob sua forma esclerosada, que resiste à sua própria dinâmica. O espírito científico deve aprender a desfazer-se de suas certezas primeiras e segundas. Sua essência espiritual provém desse devir autocrítico que o aparta de seu próprio passado.

O espírito científico se exerce, no presente, sobre o conjunto dos conhecimentos válidos, sobre a história *sancionada* das ciências. "Velhas" descobertas, historicamente falando, conservam um valor científico (e pedagógico): merecem estar sempre presentes ao espírito científico, não tendo sido desmentidas por seus progressos posteriores. Devido a certos trabalhos, cientistas do passado ainda são nossos contemporâneos: as experiências de pensamento propostas por Galileu — observar que uma queda livre se produz de maneira idêntica num navio, esteja ele em repouso ou em movimento retilíneo uniforme — são sempre pertinentes para compreender o princípio de relatividade. O presente do espírito científico tem a extensão dos campos em que a ciência se aplica,

---

15. Em francês, "*l'histoire périmée*". [N.T.] G. Bachelard, *L'Activité rationaliste de la physique contemporaine*, op. cit., p. 25.

a precisão das experiências que a confirmam e a inteligibilidade da axiomática que a funda.

A maior parte das filosofias das ciências limita-se a essa dimensão sincrônica do sistema dos conhecimentos e a traduz em sua linguagem. Apesar disso, o presente científico não deve ser uma ancoragem na estabilidade. Seria vão desejar frear a ciência num momento de sua história para assim encontrar uma norma perfeita. Se considerarmos a coerência lógica das teorias atuais como arquétipo eterno da racionalidade, desconheceremos a perpétua renovação do espírito. O futuro do espírito científico já existe sob a forma de um horizonte[16]:

> Para o espírito científico, *traçar nitidamente uma fronteira já é ultrapassá-la*.[17]

A antecipação do futuro da ciência pertence ao seu presente; dado que o futuro é imprevisível, o devir do espírito científico toma o sentido de uma abertura à novidade, à invenção que rompe com os hábitos do pensamento. A novidade de uma teoria científica não significa, portanto, que ela se deva a uma invenção recente, mas que ela muda as bases sobre as quais o sistema dos conhecimentos repousa e que amplia os horizontes. A certeza filosófica que sobrevirá a uma teoria científica que modificará radicalmente a base atual de nossos conhecimentos (para retificá-los, estendê-los e refundá-los) está no próprio princípio do engajamento racionalista de Bachelard. Ela implica uma atitude progressista, uma

---

16. Aqui o termo "horizonte" remete mais à filosofia das ciências de Ferdinand Gonseth que à noção homônima da fenomenologia de Husserl. Ele designa um campo (mental ou experimental) com fronteiras não definitivas.
17. G. Bachelard, *Études*, Paris, PUF, 2001, p. 80. [Ed. bras.: *Estudos*, trad. Estela dos Santos Abreu, Rio de Janeiro, Contraponto, 2008.]

insatisfação diante da ordem estabelecida, isso a que ele chama de *surracionalismo**.[18] Bachelard parte do princípio de que é preciso estar do lado do progresso, que é preciso lutar pelas revoluções vindouras. Decerto ele não compreenderia a desmotivação vagamente niilista que parece reinar entre alguns de nossos contemporâneos em relação à ciência e ao progresso.[19] O progresso dos conhecimentos é um valor humano inestimável, posto ser necessariamente possível. Se não houvesse mais revoluções a esperar e a promover, também não haveria mais sentido em afirmar o valor das rupturas passadas. Reciprocamente, o único argumento em favor do surracionalismo é que ele já produziu revoluções fundamentais *a priori* imprevisíveis e *a posteriori* inevitáveis. A concepção bachelardiana do espírito é dinâmica, e a do espírito científico é até mesmo progressista, pois o presente da ciência é animado por uma revisão perpétua, que rejeita o ultrapassado e se abre à sua própria revisão. A ciência não está, apesar disso, mergulhada numa instabilidade incerta, pois a história da ciência mostra que a parte sancionada e ativa cresce. É o progresso científico que induz a perspectiva de uma epistemologia *trans*-histórica.

---

18. Ele retoma esse termo de Jules Romain. Cf. G. Bachelard, *La Philosophie du non* (Paris, PUF, 1975), p. 39. [Ed. bras.: *A filosofia do não*, trad. Joaquim José Moura Ramos, São Paulo, Abril Cultural, 1978.]
19. "Desde o início de nosso século é muito comum encontrar filósofos que parecem ter tomado como tarefa dar à ciência uma má consciência. De maneira incansável repete-se a anedota do feiticeiro que sacode as forças ocultas sem jamais ter o poder de pô-las em repouso quando as forças desencadeadas se tornam perniciosas. Só o fato de que se julga com tão pobre imagem — bastante falsa, aliás — as responsabilidades da ciência é prova de que não realizamos, em toda a sua novidade, a situação do homem diante da ciência." G. Bachelard, "La Vocation scientifique et l'âme humaine" ["A vocação científica e a alma humana"], in: *L'Homme devant la science*, Neuchâtel, La Baconnière, 1952, p. 11.

Vamos então pormenorizar os conceitos que tornam inteligível a evolução do espírito científico, em particular por ocasião de suas revoluções, assim como os conceitos que especificam as condições de possibilidade do ponto de vista técnico e do ponto de vista matemático, antes de concluir ressaltando os princípios do método científico que os põe em prática.

Obstáculos, rupturas e recorrências

Se por um lado o espírito tem como vocação progredir, por outro o conhecimento jamais ganhou antes da hora: ele começa pelo erro. A partir do *Ensaio sobre o conhecimento aproximado* (1928), Bachelard enfatiza que a evidência das intuições primeiras que se impõem ao espírito prejudica seu desenvolvimento científico:

> A clareza da intuição não se estende para além de seu campo de origem [...]; ela pode até mesmo tornar-se um obstáculo ao conhecimento preciso. Um conhecimento intuitivo é tenaz, porém fixo. Por fim, ele entrava a liberdade de espírito. O rigor só pode provir, então, de uma correção radical da intuição.[20]

Contra os empiristas, Bachelard pensa que a ciência não resulta do refinamento da intuição sensível. As noções científicas só são compreendidas quando são metodicamente abstraídas da intuição inicial; a ciência não prolonga a intuição, ela a *retifica*. Esse ponto é tão crucial que Bachelard lhe dedica um livro inteiro,

---

20. G. Bachelard, *Essai sur la connaissance approchée*, Paris, Vrin, 1973, p. 169. [Ed. bras.: *Ensaio sobre o conhecimento aproximado*, trad. Estela dos Santos Abreu, Rio de Janeiro, Contraponto, 2015.]

A *formação do espírito científico* (1938), em que afirma: "O problema do conhecimento científico deve ser colocado em termos de obstáculos epistemológicos."[21] De fato, o espírito não se choca com obstáculos* epistemológicos por acidente: eles são inerentes ao desenvolvimento científico, que começa sempre pela crítica daquilo que ele já crê saber, isto é, do sentido comum e da opinião:

> A ciência [...] se opõe cabalmente à opinião. Se lhe ocorre, em um ponto particular, de legitimar a opinião, é por outras razões que não aquelas que fundam a opinião; de modo que a opinião, rigorosamente, nunca tem razão. A opinião *pensa* mal; ela não *pensa*: ela traduz necessidades em conhecimentos.[22]

Não basta, todavia, condenar a *doxa* para que esses obstáculos desapareçam. Eles têm uma consistência psicológica que precisa ser analisada para poder ser dissolvida, donde a necessidade daquilo que Bachelard chama de "psicanálise do conhecimento".[23] Os obstáculos epistemológicos têm uma estrutura folheada: epistemologicamente, são imagens pregnantes que parasitam e bloqueiam o pensamento, e psicologicamente são "complexos"* que explicam a supervalorização dessas imagens.

Na obra *Étude sur l'évolution d'un problème de physique: la propagation thermique dans les solides*, de 1928, Bachelard já tinha evidenciado esse tipo de obstáculos: os esforços dos cientistas para compreender o fenômeno do calor foram entravados sem cessar pela profundamente

---

21. G. Bachelard, *La Formation de l'esprit scientifique*, op. cit., p. 13.
22. Ibidem, p. 16.
23. O subtítulo de *A formação do espírito científico* é: "Contribuição para uma psicanálise do conhecimento."

enraizada intuição das propriedades do calor e das imagens relacionadas ao fogo. Algumas dessas afirmações errôneas dos cientistas dos séculos XVIII e XIX não podem ser explicadas pela observação, mesmo mal interpretada. Assim, a *Enciclopédia*, de 1779, defende que o calor se propaga "do centro para a periferia e ao mesmo tempo de baixo para cima", e uma experiência rudimentar (consistindo em verificar se é mais rápido aquecer uma barra de metal de baixo para cima que de cima para baixo) teve condições de demolir tal afirmação:

> Teríamos visto imediatamente que a orientação da barra não exerce influência sobre a condução.[24]

O que conferia à propagação vertical do calor sua evidência era possivelmente a imagem familiar da chama subindo na chaminé. O obstáculo epistemológico é então solidário da dinâmica do espírito científico, tanto do ponto de vista epistemológico quanto do ponto de vista pedagógico: o erro vem sempre primeiro. *A formação do espírito científico* trata as imagens como obstáculos[25], como um avesso do conhecimento; ele elabora uma teratologia do espírito científico, um recenseamento das "monstruosidades" do raciocínio científico.

---

24. G. Bachelard, *Étude de l'évolution d'un problème de physique*, Paris, Vrin, 1928, p. 11. Bachelard mostra aqui o duplo ponto de vista da história epistemológica: o condicional "teríamos" nessa frase é a marca de um raciocínio *recorrente*.

25. Entretanto, as imagens têm sua própria positividade, e a análise de sua gênese a partir de suas raízes inconscientes é o estudo do dinamismo imaginativo do espírito promovido por *A psicanálise do fogo* (1938): "As intuições do fogo são obstáculos epistemológicos ainda mais difíceis de derrubar, dado que são psicologicamente mais claras" (G. Bachelard, *La Psychanalyse du feu*, op. cit., p. 107). O "fogo" não é mais objeto da ciência, torna-se motivo de divagação. Vide a terceira parte.

O obstáculo inicial notado no interior do conhecimento nada mais é que a própria "observação": "A observação inicial é sempre um primeiro obstáculo para a cultura científica."²⁶ Pois Bachelard estabelece uma nítida distinção entre a simples observação, que toma os fenômenos como dados, e a experimentação, que sempre "constrói" o objeto que ela estuda.²⁷

Contudo, a vontade de fazer um "sistema" e de generalizar abusivamente constitui um segundo tipo de obstáculo oposto ao primeiro. O pensamento científico forma-se num movimento de oscilação entre a incapacidade de livrar-se da experiência imediata e a incapacidade de pôr concretamente em prática esse pensamento. É tentador chamar esse movimento (e Bachelard não resiste à tentação) de uma *dialética*, com a condição de desvincular essa noção de qualquer contexto hegeliano.²⁸

O espírito científico retifica-se por idas e vindas entre seus polos experimental e matemático, e os obstáculos epistemológicos apresentam-se por pares, como recifes simétricos que freiam o pensamento: a imagem familiar da esponja faz nascer a noção confusa de "esponjosidade" no espírito de Réaumur²⁹ ou de Benjamin

---

26. G. Bachelard, *La Formation de l'esprit scientifique*, op. cit., p. 19.
27. G. Bachelard, *L'Activité rationaliste de la physique contemporaine*, op. cit., p. 124: "A noção filosófica tradicional de dado é muito imprópria para caracterizar o resultado das laboriosas determinações dos valores experimentais."
28. Significativamente, Bachelard só se refere a Hegel para desmarcar-se dele: "A filosofia do não também nada tem a ver com uma dialética *a priori*. Em particular, ela não pode se mobilizar em torno das dialéticas hegelianas" (G. Bachelard, *La Philosophie du non*, op. cit., p. 135). Se por um lado ele aponta sua proximidade com Octave Hamelin (1856--1907) a respeito de sua "dialética de justaposição", por outro também se distingue dele definitivamente.
29. René-Antoine Ferchault de Réaumur (1683-1757), cientista francês, diretor da Academia de Ciências.

Franklin[30], que fazem dessa palavra a "explicação" de fenômenos tanto atmosféricos quanto elétricos; também o mito da Natureza e de sua harmonia serve de princípio a esses "livros que prometem um sistema, mas que só oferecem um *amontoado heteróclito* de fatos mal ligados"[31], o que corresponde a uma evasão do espírito numa generalidade também prejudicial ao raciocínio científico. Em ambos os casos, perde-se contato com a tensão fecunda da razão posta à prova dos fatos e da experiência controlada pelo raciocínio; em ambos os casos, o discurso se deixa guiar muito mais por *metáforas* que pela relação dos cálculos e medidas.

Em 1928, Bachelard introduz a noção de "ruptura" para dar conta do progresso descontínuo do espírito científico.[32] O sentido dessa ruptura é a seguir analisado no estudo que ele dedica às teorias da relatividade restrita e geral, *La Valeur inductive de la relativité* (1929), em que insiste, desde a introdução, sobre a *novidade* das concepções einsteinianas e a impossibilidade de inscrevê-las no prolongamento da mecânica de Newton: a física de Einstein não pode emergir como uma complicação da de Newton; é preciso romper com esta e instalar-se em novas bases.

Entretanto, será preciso esperar *O racionalismo aplicado* (1949) para que Bachelard defina a "ruptura epistemológica" enquanto tal, como ruptura entre o conhecimento vulgar e o conhecimento científico.[33] O *pluralismo coerente*

---

30. Benjamin Franklin (1706-1790), político e cientista americano, inventor do para-raios e primeiro embaixador dos Estados Unidos na França.
31. G. Bachelard, *La Formation de l'esprit scientifique*, op. cit., p. 116.
32. "Na evolução histórica de um problema particular, não se pode ocultar verdadeiras rupturas, mutações bruscas, que arrúinam a tese da continuidade epistemológica." G. Bachelard, *Essai sur la connaissance approché*, op. cit., p. 270.
33. G. Bachelard, *Le Rationalisme appliqué*, op. cit., pp. 102-105.

da química moderna (1930) já havia pormenorizado as relações dinâmicas entre o obstáculo e a ruptura epistemológicos. Para desenvolver-se em bases racionais, a química precisou romper com a intuição da "harmonia da Natureza", que fazia ver afinidades entre todos os elementos, e ultrapassar o estágio da enumeração sem ordem das diversas substâncias, o que permitiu a criação, pelo químico russo Mendeleiev (1834-1907), da classificação periódica dos elementos.

A tabela de Mendeleiev opera uma ruptura (nessa obra, Bachelard escreve "substituição") na história da química. Descobrindo os "períodos químicos"[34], isto é, classificando os elementos por sua massa atômica e tomando como unidade a da molécula de hidrogênio, Mendeleiev observa a periodicidade aparente de suas propriedades. Estabelece, assim, que a natureza de um corpo químico não consiste numa substância inacessível situada aquém de seus atributos, mas em sua situação relativa no interior de uma tabela. Melhor ainda, a harmonia natural não é mais um princípio inefável, ela nasce da construção racional, atribuindo a cada corpo existente seu lugar no sistema das possibilidades químicas, tanto é assim que é possível prever, em certa medida, a existência e as propriedades de elementos químicos ainda desconhecidos.

Quanto à "recorrência"*, Bachelard indica que é preciso reconsiderar a classificação à luz da física atômica como uma primeira etapa na determinação do "número atômico" de cada elemento. Ele quer dizer que, escolhendo o hidrogênio, composto por um próton e um elétron, Mendeleiev tinha de fato escolhido o próton como unidade, pondo a ciência no caminho de sua descoberta

---

34. Em francês, *"octave périodique"*, isto é, que se repete por períodos de oito elementos. [N.T.]

(e da do nêutron). A refundação da química pela física atômica, exposta na obra Le Matérialisme rationnel [*Materialismo racional*], é uma aplicação da recorrência, ela corresponde *ao olhar retrospectivo que torna possível a ruptura efetuada sobre o obstáculo ultrapassado*:

> As revelações do passado são sempre recorrentes. O real jamais é 'aquilo que se poderia crer', mas é sempre aquilo que se deveria ter pensado.[35]

No entanto, a recorrência não somente reconhece e dissolve o obstáculo, ela também retoma por sua conta os elementos anteriores, refundando-os e, sobretudo, invertendo a perspectiva que tínhamos deles. Para nos atermos ao exemplo dos elementos químicos, lembremos que Mendeleiev se baseara no caráter simples do átomo de hidrogênio para classificar os elementos cada vez mais complexos. Mais tarde, a espectroscopia mostrou que o espectro* do hidrogênio era falsamente simples e que

> o caráter hidrogenoide não é um caráter verdadeiramente simples, que não é mais simples no hidrogênio que em outro corpo — e mesmo ao contrário, que sua pseudossimplicidade é mais enganadora no caso do hidrogênio que em qualquer outra substância. Disso tiraremos a consequência paradoxal de que o caráter hidrogenoide deverá ser primeiramente estudado num corpo que não o hidrogênio para ser bem compreendido no caso do próprio hidrogênio; em suma, sobressairá o fato de que não se pode bem desenhar o simples senão depois de um estudo aprofundado do complexo.[36]

---

35. G. Bachelard, *La Formation de l'esprit scientifique*, op. cit., p. 13.
36. G. Bachelard, *La Philosophie du non*, op. cit., p. 157.

Estudando o espectro dos elementos alcalinos, que passavam por "hidrogenoides" complexos, acaba-se por compreender corretamente o hidrogênio como um elemento alcalinoide simplificado.

A maior parte dos exemplos de *A formação do espírito científico* é tirada de memórias científicas dos séculos XVII e XVIII, isto é, de um período em que inúmeros letrados, que tinham a pretensão de produzir filosofia natural, foram impelidos pelos "geômetras" (os matemáticos) para fora das instituições oficiais da ciência física (as academias reais).[37] Corre-se o risco de pensar que os obstáculos epistemológicos pertencem a uma época passada das ciências, anterior à decisiva ruptura epistemológica inegavelmente constituída pela matematização da física. Alguns autores falam de um "corte" epistemológico quando da instituição de uma disciplina cuja cientificidade seria desde então assegurada. Contudo, jamais essa expressão, "corte epistemológico", aparece na pena de Bachelard, e a própria ideia de que seria possível abandonar de uma vez por todas os obstáculos epistemológicos lhe é completamente estranha.

Se Bachelard escolhe seus exemplos nos séculos XVII e XVIII é porque a resistência das imagens que deseja evidenciar se apresenta neles com grande clareza, devido ao contraste entre as explicações *metafóricas* forjadas por esses autores e as explicações *matemáticas* da física moderna. No entanto, a maior parte dos obstáculos levantados é de fato permanente, ou melhor, remanescente e polimorfa, isto é, suscetível de ressurgir sob novas formas em outro estágio do desenvolvimento científico do espírito. Seria um equívoco crer que a matematização

---

37. Vide Y. Gingras, "Mathématisme et exclusion: socio-analyse de la formation des cités savantes", in: J.-J. Wunenburger, *Bachelard et l'épistémologie française*, op. cit., pp. 115-152.

elimina de uma vez por todas o obstáculo: o espírito científico retifica suas intuições, mas estas são suscetíveis de sedimentarem-se com uma nova "evidência" que constituirá um *obstáculo de segunda ordem* dentro da própria teoria, quando então será preciso retificar novamente a intuição. Em *Les Intuitions atomistiques* [*As intuições atomísticas*] (1933), a hipótese das órbitas eletrônicas no modelo do átomo de Bohr[38], em que os elétrons "saltam" de uma órbita a outra, é celebrada como uma ruptura decisiva com a intuição ordinária de trajetória:

> A intuição imediata quer sempre que um trajeto contínuo reúna as trajetórias separadas. O método de Bohr não se ocupa nem um pouco desse trajeto contínuo. Ele só utiliza verdadeiramente trajetórias distintas *a priori*. Nesse método, contradiz-se então a intuição mais simples e mais fundamental, a intuição da homogeneidade do espaço.[39]

Todavia, em *A filosofia do não* (1940), o esquema proposto por Bohr, que assimilava o sistema atômico a um sistema planetário em miniatura, também é severamente criticado como constituindo uma imagem inapropriada (as "órbitas" eletrônicas são níveis de excitação do átomo que nada ganham em ser interpretadas como movimentos espaciais), da qual o físico deve desprender-se para corrigir sua intuição:

> A história dos diversos esquemas é aqui um plano pedagógico inelutável. De qualquer lado, o que se retira

---
38. Niels Bohr (1885-1962), físico dinamarquês, prêmio Nobel de física em 1922.
39. G. Bachelard, *Les Intuitions atomistiques*, Paris, Vrin, 1975, p. 150.

da imagem deve se encontrar no conceito retificado. Diríamos de bom grado que o átomo é a *soma das críticas* às quais se submete sua imagem primeira.[40]

O componente analógico do modelo de átomo de Bohr, que havia sido indispensável quando de sua formulação, tornou-se nesse meio-tempo uma metáfora supérflua, um obstáculo: não há mais sentido em falar de "trajetória" numa física atômica que doravante se elabora em ruptura com as intuições ordinárias do espaço. Tendo sido abandonada a analogia inicial, Bachelard adota sobre ela um ponto de vista recorrente e a considera ultrapassada. Apesar disso, a imagem de Bohr não representa o mesmo tipo de obstáculo que as imagens literárias, pois ela pode ser "purificada", ao passo que as imagens do século XVII devem ser afastadas.[41]

A remanência das imagens na ciência não é um simples resíduo. A ressurgência dos obstáculos gera a questão das causas da dinâmica não científica do espírito. As imagens tiram sua força e sua sedução primeiramente da linguagem (por exemplo, os substantivos induzem espontaneamente a crença na existência de substâncias), da sublimação imperfeita da libido (por exemplo, sobrevalorizamos o vivente, o que engendra a tendência "animista" de explicar tudo por um princípio vital) e da percepção cotidiana, sendo a visão das "coisas" o modelo

---

40. G. Bachelard, *La Philosophie du non*, op. cit., p. 139.
41. G. Bachelard, *La Poétique de l'espace*, Paris, PUF, 2008, p. 144: "Quando se viveu, em sua espontaneidade, uma imagem como aquela planetária da maçã de Cyrano, compreende-se que ela não foi preparada por pensamentos. Ela nada tem em comum com as imagens que ilustram ou apoiam as ideias científicas. Por exemplo, a imagem planetária do átomo de Bohr é (no pensamento científico, exceto em algumas obras e nefastas valorizações de uma filosofia de vulgarização) um puro esquema sintético de pensamentos matemáticos. No átomo planetário de Bohr, o pequeno sol central não é quente."

inconsciente de qualquer intuição. A persistência *trans*-histórica dos obstáculos explica-se também pelo fato de que, mesmo que se possa encontrar sua origem fora do conhecimento, eles são em seguida veiculados no próprio interior da ciência. Bachelard conta que seus alunos, que conseguiam "purificar" a imagem de divisória em geometria, a seguir ficavam embaraçados quando encontravam a membrana em biologia.[42] A imagem da divisória, tirada da vida comum, é importada pela geometria, na qual é idealizada, antes de se revelar um obstáculo quando aplicada à biologia: habituados à delimitação absoluta do traçado geométrico, os alunos têm dificuldade em conceber que uma membrana só permita a passagem num único sentido. Bachelard não poderia prever essa dificuldade pedagógica: seria preciso deparar-se com ela para identificá-la. Da mesma forma, na história das ciências, só uma ruptura epistemológica torna possível a identificação retrospectiva de um obstáculo epistemológico. A recorrência opera a divisão entre a ciência ultrapassada, que ela relega ao passado, e a ciência sancionada e reatualizada, que ela integra ao presente do espírito.

Entretanto, o obstáculo não pertence apenas ao passado julgado pelo presente; uma recorrência análoga afeta por antecipação o presente à luz do futuro. O teórico que promove a progressão do conhecimento inventando uma nova forma de objetivação do real (por exemplo, formulando a hipótese de um campo e de uma nova partícula) e aquele que faz a experiência, que a põe à prova experimentalmente, trabalham segundo uma visão *surracionalista*:

---

42. G. Bachelard, *L'Expérience de l'espace dans la physique contemporaine*, Paris, PUF, 1936, pp. 17-18.

O surracionalismo determina de certa forma um *surobjeto*. O surobjeto é o resultado de uma objetivação crítica, de uma objetividade que só retém do objeto aquilo que ela criticou. Tal como aparece na microfísica contemporânea, o átomo é o protótipo do surobjeto.[43]

Os pesquisadores estão, assim, perpetuamente em busca de descobertas que os obrigariam a revisar seu saber; desejam contradizer-se e descobrir que estavam enganados. Os conceitos de obstáculo, de ruptura e de recorrência epistemológicos são uma ilustração perfeita do dinamismo do espírito científico: o acordo entre o espírito e o real é sempre transitório e aberto.

Aproximação, fenomenotécnica* e aprofundamento

O acordo do real e do racional estabelecido pelo conhecimento constitui um "problema" para o qual a filosofia trouxe classicamente duas respostas: a tradição idealista explica como as ideias se aplicam à matéria e os realistas, como a observação das coisas permite delas abstrair leis racionais. A teoria do conhecimento de Bachelard singulariza-se ao recusar tanto a existência de um objeto real transcendente quanto a existência de categorias transcendentais fixas:

> Parece-nos que tal teoria do conhecimento se preserva por todos os ângulos. De um lado, recusa-se a propor um objeto que esperaria, estranho ao pensamento, que este se aproxime dele. De outro lado, essa teoria desvincula-se das formas *a priori* cujo principal defeito é

---

43. G. Bachelard, *La Philosophie du non*, op. cit., p. 139.

estarem desprovidas de sentido enquanto uma matéria não venha fecundá-las.⁴⁴

Bachelard não afasta apenas as "soluções" idealistas e realistas, mas o próprio problema, tal como colocado pelos filósofos, pois sua reflexão filosófica jamais pretende pôr em dúvida, nem portanto justificar, a possibilidade do conhecimento. Em nome de qual autoridade misteriosa o filósofo poderia tornar possível a tarefa do cientista? Bachelard inverte o problema: dada a relação de conhecimento entre um objeto e uma ideia, o que a filosofia pode dizer a respeito? Segundo essa abordagem, a ciência consiste em estabelecer relações cada vez mais precisas, mas, longe de lhe fornecer sua caução filosófica, o objeto e a noção aparecem como "dois focos imaginários em que parecem convergir as linhas de forças do campo epistemológico".⁴⁵ Em vez de fundar a ciência na realidade de um ou outro termo, são estes que tiram sua realidade da relação de conhecimento. Assim, a realidade de um objeto é relativa e depende da precisão das confirmações experimentais de sua objetividade:

> No aproximacionalismo, não se atinge "o objeto", foco imaginário da convergência das determinações, mas se definem funções epistemológicas cada vez mais precisas que, em todos os níveis, podem se substituir à função do real, desempenhar todos os papéis do objeto.⁴⁶

Bachelard não é o primeiro a recusar-se a "fundar" a ciência sobre "a ideia" ou o "real": James também só atribuía realidade às coisas na medida em que o espírito

---
44. G. Bachelard, *Essai sur la connaissance approchée*, op. cit., p. 261.
45. Ibidem.
46. Ibidem, p. 246.

as pensa, e às ideias na medida em que elas são verificadas pela experiência. Ambos reconhecem a anterioridade da relação evolutiva de conhecimento em relação às substâncias que as filosofias vinculadas à fixidez supõem:

> Se os objetos mantivessem entre si relações precisas e constantes, poder-se-ia esperar atingir um conhecimento fixo. Porém os objetos não poderiam comportar senão relações provisórias, uma vez que eles são, para nós, posições provisórias, frequentemente pragmáticas e convencionais do dado. A falta de precisão dos termos unidos deixa a ligação sem fundações sólidas, como uma arcada sem alicerce. A imbricação dos objetos e de suas relações é tal que os próprios objetos devem aparecer-nos como funções da relação.[47]

A posição de Bachelard é análoga àquela de James, quando recusa as posições absolutas do objeto ou da ideia; ela difere quando concebe o real e o racional independentemente dos interesses utilitários; e ela é, no fundo, realista *e* idealista, mas relativamente, pois o que é aceito de maneira incondicional é a validade das ciências da natureza como *relação* da matemática e da experimentação. Bachelard avalia em seguida a realidade dos termos postos em relação conforme a precisão dessa relação; a noção de *medida* passa então ao primeiro plano:

> Poder-se-ia então enunciar na base da física moderna este duplo postulado metafísico: o que se mede existe e é conhecido na proporção em que a medida é precisa. Essa dupla afirmação condensaria toda a ontologia científica e toda a epistemologia do físico.[48]

---

47. Ibidem, pp. 251-252.
48. Ibidem, pp. 52-53.

Ele ressalta "o papel primordial dos instrumentos nos conhecimentos aproximados em física"[49]:

> Seguindo o desenvolvimento da metrologia [a ciência da medida] pode-se distinguir muito facilmente períodos claramente delimitados que correspondem a graus definidos na precisão. *Esses graus de precisão estão, em cada período, em acordo com a prática científica geral.*[50]

A evolução técnica imprime um ritmo distintivo aos progressos históricos do espírito científico ("O ritmo descontínuo da precisão determina uma epistemologia fracionada que não tarda a ser duplicada por uma ontologia"[51]): assim, o ritmo descontinuado da ciência é induzido pelo progresso da metrologia, que, por sua vez, remete a "um realismo das ordens de grandeza".[52]

A hipótese realista fundamental de Bachelard consiste em reconhecer na natureza a existência de escalas heterogêneas. Ela tem como consequência paradoxal relativizar a ontologia. Pois, se por um lado a realidade de um objeto depende da precisão com a qual é medido, por outro esta jamais é absoluta. Em qualquer escala que nos situemos, a medida é sempre relativa à sua margem de erro, à sua resolução:

> Qualquer que seja o aparelho de amplificação utilizado, as condições de emprego ótimo determinam um intervalo prático infinitamente pequeno que não pode ser ultrapassado.[53]

---

49. Ibidem, p. 61.
50. Ibidem, p. 59.
51. Ibidem, p. 69.
52. G. Bachelard, *La Philosophie du non*, op. cit., p. 32.
53. Ibidem, p. 63.

Um valor numérico absolutamente exato é apenas uma abstração e não tem sentido físico; na realidade, uma medida é sempre efetuada com certa precisão. Tanto que a ontologia científica jamais se apresenta de maneira absoluta, como um conjunto de substâncias perfeitamente definidas, mas sempre relativamente a um grau de resolução. Poderíamos pensar que a ontologia grosseira das intuições situadas em nossa escala se encontra simplesmente afinada e, de certa maneira, confirmada pela melhoria da precisão das observações, mas não é assim. A relatividade ontológica decorre justamente do fato de que certas escalas representam, umas em relação às outras, realidades heterogêneas, isto é, ordens de grandeza incomensuráveis; quando se aprofundam as medidas, longe de obter-se uma confirmação cada vez mais refinada da ontologia observada na escala superior, observa-se uma organização radicalmente diferente da matéria, à qual os conceitos forjados em nossa escala não podem mais se aplicar. É o caso, por exemplo, quando a química é refundada a partir da espectroscopia e da física subatômica:

> A combinação intra-atômica apresenta, certeiramente, com a combinação química ordinária, uma verdadeira ruptura de escala.[54]

Há uma ruptura de escala quando a segunda aproximação, realizada com os instrumentos técnicos e o formalismo da mecânica quântica, diverge em primeira aproximação daquela que se operava com os instrumentos e a geometria da ciência clássica. Por isso, por vezes as intuições retificadas em uma escala constituem um obstáculo para uma escala mais profunda.[55]

---

54. Ibidem, p. 57.
55. "O inimigo do cientista no campo da segunda aproximação são os hábitos científicos que ele incorporou estudando a primeira." G. Bachelard,

Postos esses elementos, compreende-se melhor o sentido que Bachelard dá à "dialética".[56] É a dinâmica do espírito científico, que ora se retifica, ora se reorganiza, ao integrar o resultado de novas experiências e de novos conceitos, e que caminha sempre no sentido de um *aprofundamento* da relação, isto é, de sua reconstituição numa escala mais profunda.

A mediação técnica entre a teoria e a experiência desempenha um papel crucial nessa dialética, na medida em que os planos teóricos e experimentais, que ela coordena cada vez mais estreitamente, afastam-se cada vez mais das intuições primitivas do sujeito observador. Opera-se um descentramento em relação ao acordo inicial da percepção com as coisas. Esse acordo intuitivo, imediato e centrado no sujeito, é retificado pela ciência de primeira aproximação, que substitui os esquemas intuitivos pelos esquemas geométricos, mas estes ainda são elaborados em função de experiências situadas em nossa escala: a onda ou a partícula ainda são uma esquematização de fenômenos macroscópicos. Ora, afastando-se das escalas medianas em que se situam nossas experiências ordinárias, a ciência se afasta desses esquemas derivados pela idealização das experiências ordinárias. Os esquemas ondulatórios ou corpusculares tornam-se incompletos em mecânica quântica: o objeto quântico é ora onda, ora partícula, dependendo das experiências. A física de segunda aproximação perturba a imagem:

> Nunca poderemos criar imagens aptas a representar a prolixidade de um devir e de um ser que romperam decididamente com nosso nível [...] e podemos dizer

---

Essai sur la connaissance approchée, op. cit., p. 70.
56. Vide G. Canguilhem, *Études d'histoire et de philosophie des sciences*, op. cit., pp. 196-210.

que, se afastando da ordem de grandeza na qual pensamos, a Realidade perde de alguma forma sua solidez, sua constância, sua substância.⁵⁷

O acordo estabelecido entre as predições da função de onda e as medidas efetuadas em mecânica quântica se estabelece *em ruptura de escala* com os esquemas que a física clássica elaborou por retificação dos esquemas perceptivos. A dialética aprofunda-se entre um formalismo abstrato e as observações que dependem dos instrumentos técnicos, o que esvazia progressivamente qualquer traço da perspectiva subjetiva inicial (relativa à nossa escala). A precisão das relações entre os planos teórico e experimental mostra que, longe de sua coerência primitiva, eles convergem de modo ainda mais preciso em segunda aproximação.

Bachelard desenvolverá continuamente as implicações dessa constatação. Ele insiste, em particular, sobre a importância da instrumentação e sobre a necessidade de romper com o paradigma da percepção visual. Para tanto, forja o neologismo *"fenomenotécnica"*.

> Assim que se passa da observação à experimentação [...] é preciso que o fenômeno seja triado, filtrado, refinado, inserido na forma dos instrumentos, produzido no plano dos instrumentos [...]. A verdadeira fenomenologia científica é então essencialmente uma fenomenotécnica.⁵⁸

O termo "fenomenotécnica" indica o intervalo irredutível que separa a experimentação nas ciências contemporâneas da "fenomenologia" enquanto tentativa de dar conta das "coisas em si" a partir de sua observação direta

---

57. G. Bachelard, *Essai sur la connaissance approchée*, op. cit., p. 257.
58. G. Bachelard, *Le Nouvel esprit scientifique*, op. cit., pp. 16-17.

pelo sujeito. Bachelard não discute tanto as análises de Husserl, mas ele impõe uma defasagem com relação à noção de observação: a intervenção do dispositivo técnico entre o observador e os fenômenos não é uma mediação de que se possa fazer abstração. O químico não manipula substâncias "puras", mas substâncias *purificadas*:

> Apesar de a fenomenologia das substâncias homogêneas poder encontrar, ao que parece, exemplos nas substâncias naturais, é solidária de uma fenomenotécnica.[59]

Se a mediação fenomenotécnica fora determinante na evolução das ciências naturais, pelo menos desde que Galileu aprimorou o telescópio astronômico, ela o é ainda mais no século XX na física de partículas, na medida em que essa ciência produz os fenômenos que estuda: não é mais uma ciência de fatos, mas de *efeitos*. O dispositivo técnico de observação nela opera a *atualização* do fenômeno observado. O observador só entra em relação com o fenômeno por meio da fenomenotécnica:

> Só se pode fazer um estudo *fenomenotécnico* de todos os corpúsculos da física moderna. [...] Na fenomenotécnica, nenhum fenômeno aparece *naturalmente*, nenhum fenômeno é de primeiro aspecto, nenhum é *dado*. É preciso *constituí-lo* e ler seus caracteres *indiretamente*, com uma consciência da *interpretação* instrumental e teórica permanentemente desperta.[60]

A medida dos fenômenos quânticos é o resultado de uma dada interação entre o aparelho de medida e o sistema

---

59. G. Bachelard, *Le Matérialisme rationnel*, Paris, PUF, 1972, p. 65.
60. G. Bachelard, *L'Activité rationaliste de la physique contemporaine*, op. cit., p. 92.

observado. Essa insistência sobre a importância da medida e dos instrumentos técnicos não contradiz a orientação racionalista da filosofia bachelardiana das ciências: a dependência da noção de observação em relação aos instrumentos fenomenotécnicos não é contingente. A dependência do instrumento traduz a existência objetiva das ordens de grandeza.

A ruptura de escala que ocorre na ciência no século XX, na direção do infinitamente grande, com a teoria da relatividade geral, ou na direção do infinitamente pequeno, com a mecânica quântica, só pode ser compreendida na perspectiva dessa nova dimensão. Os instrumentos de observação da microfísica são dispositivos de amplificação: eles instauram uma mediação entre a escala dos processos quânticos e a nossa, que de outra forma seriam incomensuráveis.

Graças ao progresso fenomenotécnico, foi ultrapassado um limiar na exploração das escalas que, retrospectivamente, fez nascer a necessidade de uma crítica da dependência inicial dos esquemas em relação à escala em que foram elaborados. O aprofundamento das medidas torna-se um parâmetro essencial da objetivação. Isso leva a conceder um hipotético valor ontológico à dimensão do espaço-tempo na qual se opera o *aprofundamento:*

> Esse "aprofundamento" abre verdadeiramente a quarta dimensão; ultrapassado o limiar metafísico, é uma dimensão infinita para a qual não se pode mais conceber limites, como para qualquer outra dimensão. *No interior* do ponto simbólico das três dimensões cartesianas abre-se então uma perspectiva interna; todo objeto tem uma extensão interna que se adiciona à extensão externa.[61]

---

61. G. Bachelard, *Études*, op. cit., p. 40.

Apesar de os trabalhos de Adolphe Buhl[*] terem chamado a atenção de Bachelard[62] — dado que evocam a possibilidade de uma nova geometria não diferencial, na qual o ponto não seria mais um absoluto, mas o resultado de um "aprimoramento" que sempre seria possível aprofundar —, será preciso esperar a invenção da geometria fractal para que seja levantada a questão de sua possível aplicação à microfísica na perspectiva da descoberta de uma dimensão de escala.[63] Essa dimensão de aprofundamento era, na época, e continua a ser em nossos dias, uma hipótese surracionalista. Quaisquer que sejam os desenvolvimentos atuais da teoria da relatividade de escala, é necessário precisar o estatuto das idealidades matemáticas que acompanham o aprofundamento fenomenotécnico da ciência.

O *valor indutivo* dos númenos[*] *matemáticos*

A física de Galileu foi chamada de "nova física" em oposição à de Aristóteles. Bachelard retoma a expressão para designar a física relativista de Einstein *e* a mecânica quântica (para ser bem exato, ele refere-se à "mecânica ondulatória" e à "mecânica matricial", duas formulações

---

62. "Parece que os trabalhos de Buhl esclarecem *a priori* muitos problemas da micromecânica e da microfísica. Nessas estruturas finas aparecem as famosas funções contínuas sem derivadas, as curvas contínuas sem tangentes." G. Bachelard, *La Philosophie du non*, op. cit., p. 99. Para se desvincular das evidências da geometria "lisa" e "dar rugosidade" [em francês: "*donner du grain*"] ao espaço ("Num modo humorístico poderíamos dizer: ao mesmo tempo, a tangente enlouquece e o espaço perde a razão [em francês: "*a un grain*"], em todos os sentidos do termo." G. Bachelard, *La Philosophie du non*, op. cit., p. 102).
63. L. Nottale, *La Relativité dans tous ses états: au-delà de l'espace-temps*, Paris, Hachette, 1998. L. Nottale, *Fractal Space-Time and Microphysics: Towards a Theory of Scale Relativity*, Cingapura, River Edge, NJ, World Scientific, 1993.

alternativas, mas equivalentes, advindas respectivamente dos trabalhos de Louis de Broglie[64] e de Werner Heinsenberg).[65] É notável que a relatividade geral e a mecânica quântica sejam pensadas como participando do mesmo progresso fundamental. Se elas não são inteiramente compatíveis, têm em comum o fato de produzirem uma ruptura de escala e de operar uma revolução teórica fundamentada no *valor indutivo das equações matemáticas*.

O aprofundamento fenomenotécnico da observação seria ininteligível se não fosse esclarecido por uma dinâmica teórica, isto é, pelo aprofundamento das estruturas algébricas e pelas induções que elas sugerem: quando as imagens intuitivas se tornam caducas, são as equações que induzem uma nova intuição do real. Bachelard confere assim um estatuto ontológico às idealidades matemáticas e ao mesmo tempo introduz, além da noção de fenomenotécnica, a de *númeno*[66] matemático para dar conta da microfísica:

> Essa numenologia esclarece uma fenomenotécnica pela qual os novos fenômenos são não simplesmente encontrados, mas inventados peça por peça.[67]

"Númeno" é ainda um termo que Bachelard toma emprestado da tradição filosófica, para dela se diferenciar. Na filosofia de Kant, o "númeno" é a *coisa em si*, em oposição ao "fenômeno" que nos é dado no espaço e no

---

64. Louis Victor de Broglie (1892-1987), físico francês, prêmio Nobel de física em 1929.
65. Werner Karl Heinsenberg (1901-1976), físico alemão, prêmio Nobel de física em 1932.
66. Termo introduzido por Kant (transcrição do grego *nooumena*, "coisas pensadas") para designar o objeto da razão, da realidade *inteligível* (em oposição a *phainomena*, "fenômeno", realidade *sensível*). [N.T.]
67. G. Bachelard, *Études*, op. cit., p. 19.

tempo pela experiência. A *Crítica da razão pura* limita a ciência à experiência possível e, portanto, a aplicação da razão teórica aos fenômenos. O númeno, independente do tempo e do espaço, encontra-se então fora do campo de qualquer forma de conhecimento objetivo. Em contrapartida, Bachelard identifica o númeno à estrutura matemática das equações físicas. Um ponto crucial do raciocínio é que *a matemática não é uma linguagem*: as equações são mais que uma descrição indiferente ao seu objeto, elas *constroem* o objeto, isto é, *induzem* sua interpretação física. Uma interpretação que se tornou difícil em mecânica quântica, devido ao fato de que seu númeno (a função de onda) pode induzir a duas traduções fenomenais incompatíveis, a da onda e a do corpúsculo: em certas experiências, uma partícula será detectada; em outras, serão observados efeitos ondulatórios.

Para compreender como esse desdobramento fenomênico é possível, é preciso admitir, por um lado, que o objeto quântico é um númeno e, por outro, que a realidade da matemática consiste em sua virtualidade, isto é, em sua independência em relação aos casos concretos em que ela se materializa. Isso é constatável, em primeiro lugar, na geometria. A demonstração antiga do teorema de Pitágoras exigia o traçado de figuras auxiliares e permanecia, por assim dizer, exterior ao seu objeto; já os matemáticos modernos encontram a razão de ser algébrica (eles "demonstram" $a^2 + b^2 = c^2$ sem desenhar a menor figura). Ao não mais recorrer à construção dos quadrados sobre os lados do triângulo retângulo, eles se elevam a uma compreensão numenista da "pitagoricidade": o teorema de Pitágoras é verificado por uma infinidade de figuras similares (os triângulos retângulos) cujo númeno é a invariante e a condição. O espírito científico percebe "que a pitagoricidade estava inscrita no triângulo retângulo, sem nenhuma outra figura anexa, sem a menor contingência das figuras anexas".⁶⁸ A importância de uma descoberta matemática deve-se então à sua fecundidade virtual:

> O racionalismo, em seu trabalho positivo, é eminentemente indutor — e isso, mesmo no pensamento matemático. Mal um teorema é encontrado e já se busca generalizá-lo, prolongá-lo.⁶⁹

A indução matemática procede do particular ao geral, do contingente ao incondicionado. Ela aumenta a compreensão e ao mesmo tempo a extensão do conceito; quanto mais a invariante numenal for o objeto de inúmeras variações, mais rico ele será. Todo teorema contém virtualmente em si consequências, prolongamentos.

Na física, o valor indutivo dos númenos manifesta-se quando a indução deixa o plano estritamente virtual da matemática, quando "os matemáticos entram no próprio âmago da substância".⁷⁰ A indução numenal sugere a passagem do matematicamente pensável ao fisicamente possível, do virtual ao potencial. Assim, Bachelard interpreta a mecânica quântica como uma microfísica numenal. O que está em jogo em tal definição da física das partículas é ressaltar que ela substitui as intuições caducas, advindas da percepção "das coisas" em nossa escala, por uma ontologia fundamentada exclusivamente sobre as estruturas matemáticas da teoria:

> O objeto microfísico é um verdadeiro número e não uma miniatura do objeto comum."⁷¹

---

68. G. Bachelard, *Le Rationalisme appliqué*, op. cit., p. 96.
69. Ibidem, p. 82
70. G. Bachelard, *L'Engagement rationaliste*, op. cit., p. 116.
71. G. Bachelard, *L'Activité rationaliste de la physique contemporaine*, op. cit., p. 96.

São as equações que guiam os físicos em sua pesquisa, a tal ponto que se pode dizer que "o verdadeiro pensamento científico é metafisicamente indutivo"[72], pois ele infere da forma das equações as potencialidades que serão atualizadas pela fenomenotécnica. Uma demonstração notável do valor indutivo das equações é a inferência, pelo matemático Paul Dirac[73], da existência potencial da antimatéria a partir da simetria virtual das soluções de sua equação de propagação. Essa "indução" supunha, de início, neutralizar toda forma de projeção ontológica e de dar atenção só à forma das equações: "Dirac examina primeiramente a propagação dos 'parênteses' num espaço de configuração. É a maneira de propagar-se que definirá em seguida aquilo que se propaga."[74] Depois ele generaliza essa equação (para integrar a relatividade restrita) e obtém um resultado surpreendente: as soluções da equação implicam, por um lado, partículas dotadas de certa massa e, por outro, partículas dotadas de massa inversa ou, dito de outra forma, de uma "massa negativa", um conceito propriamente inadmissível para a intuição ordinária e o pensamento clássico:

> No final do cálculo, a noção de massa nos é dada estranhamente dialetizada. Só precisávamos de uma massa, mas o cálculo nos deu duas, duas massas para um só objeto. Uma dessas massas resume perfeitamente tudo o que se sabia sobre a massa [...]. Mas a outra, dialética da primeira, é uma massa negativa [...]. Por consequência, metade da mecânica de Dirac encontra e continua a mecânica clássica e a mecânica relativista. A outra

---

72. G. Bachelard, *Le Nouvel Esprit scientifique*, op. cit., p. 10.
73. Paul Dirac (1902-1984), matemático e físico britânico, prêmio Nobel de física em 1933.
74. G. Bachelard, *La Philosophie du non*, op. cit., p. 34.

metade diverge sobre uma noção fundamental; ela dá outra coisa; ela suscita uma dialética externa, uma dialética que jamais teria sido encontrada por meio de meditação sobre a essência do conceito de massa.[75] Dirac foi o primeiro a se surpreender com esse resultado e demorou a admitir suas implicações. Contudo, ao final, adotou uma atitude surracionalista, aceitando a sugestão ontológica das equações: a própria estrutura da equação induzia a hipótese física da existência potencial de um elétron positivo, a antipartícula que hoje chamamos de pósitron, e convidava a testá-la. Dirac, apesar de profundamente perturbado com o resultado, deu prova de uma audácia que os cientistas dos séculos anteriores não teriam tido, de tanto que a estranheza de uma massa negativa teria bastado para rejeitar as implicações ontológicas da equação.

Em *La Valeur inductive de la relativité* (1929), Bachelard afirma que "o valor de inferência é uma das características mais profundas e mais curiosas também do pensamento einsteiniano. A indução é aqui, mais que em qualquer outro lugar, o próprio movimento do sistema, é a invenção que adquire o estatuto de método".[76] Nesse livro, ele define a *fórmula* geral da indução como método da invenção:

> Há três momentos nesse método: 1º Adjunções puramente formais que não trazem absolutamente nada na ordem da quantidade; 2º Um jogo algébrico que permite passar de um caso particular ao caso geral; 3º Em seguida, uma vez conquistada a generalidade, uma afirmação de que a invariância não estuda um mundo de fantasmas, mas que *quase sempre*, pela consistência e

---

75. Ibidem, p. 35.
76. G. Bachelard, *La Valeur inductive de la relativité*, Paris, Vrin, 1929, p. 52.

pela permanência de sua forma, essa invariância implica uma matéria.[77]

A indução algébrica é então o método de invenção dos físicos, ela os guia desde que a descoberta dos limites do quadro teórico anterior lhes impôs a ruptura, e enquanto a recorrência não os faz ainda ver o bem fundamentado da mudança de referencial. Em *O novo espírito científico* (1934), Bachelard mostra a necessidade da ruptura de Newton a Einstein:

> Acreditamos que mesmo na relação simplesmente numérica nos enganamos, quando vemos no sistema newtoniano uma primeira aproximação do sistema einsteiniano, pois os refinamentos relativistas não decorrem de uma aplicação afinada dos princípios newtonianos. Portanto, não podemos dizer corretamente que o mundo newtoniano prefigura nessas grandes linhas o mundo einsteiniano.[78]

Em sua homenagem a Einstein, ele explica a recorrência em sentido inverso:

> A mecânica newtoniana continua válida em sua esfera bem designada de aplicação. Sua base era experimentalmente estreita demais; seu racionalismo aparece agora como uma simplificação. Experiências ultraprecisas exigiram uma dessimplificação do racionalismo. [...] Quando a construção do racionalismo einsteiniano avançou um pouco, viu-se claramente que a física newtoniana tinha seu lugar na física ampliada, lugar que se designava com a maior nitidez devido ao fato de que

---

77. Ibidem, p. 67.
78. G. Bachelard, *Le Nouvel Esprit scientifique*, op. cit., p. 46. Cf. também G. Bachelard, *La Valeur inductive de la relativité*, op. cit.

ela era uma simplificação da doutrina completa. Essa simplificação aparece claramente como um grau de aproximação algébrica.[79]

Apesar da aparente contradição, o sentido é claro: da primeira à segunda aproximação há ruptura, mas da segunda à primeira há recorrência e possibilidade de reengendrar a primeira como um caso particular e limitado. A "nova física" quântica e relativista opera uma ruptura de escala em relação à "nova física" clássica de Galileu e Newton, graças a um aprofundamento fenomenotécnico e numenal (algébrico) que implica a caducidade de esquemas clássicos. Todavia, o problema da coerência da física em todas as escalas não está definitivamente fixado.[80]

O método não cartesiano

Recapitulemos aquilo que aprendemos sobre a ciência na escola de Bachelard: o espírito científico deve rechaçar as dinâmicas imaginativas para desenvolver-se; sua dinâmica dissolve os obstáculos epistemológicos, retificando suas intuições por rupturas teóricas, que lhe permitem, *a posteriori*, adotar uma perspectiva recorrente sobre sua história. A epistemologia trans-histórica é o estudo dessas transformações recorrentes; seu ritmo descontínuo explica-se pelos progressos da aproximação fenomenotécnica, que detecta rupturas de escala no âmago das condições de aplicação dos conceitos. A existência dessas ordens de grandeza heterogêneas sugere então a existência de uma dimensão de aprofundamento. Para remediar

---
79. G. Bachelard, *L'Engagement rationaliste*, op. cit., p. 95.
80. G. Bachelard, *Essai sur la connaissance approchée*, op. cit., p. 109: "A cada ordem de grandeza, sua física, e talvez sua lógica."

a falha dos esquemas advindos de nossa escala, os físicos procedem às induções ontológicas a partir das equações; a indução formal aparece como um fator essencial dos progressos do espírito científico.

Bachelard convida a apreender os progressos da ciência numa perspectiva trans-histórica, por meio das fases de reorganização fundamental das teorias que acompanham a ampliação e o aprofundamento do horizonte experimental, quando a razão polemiza consigo mesma, quando *as normas da ciência são transformadas em nome dos próprios valores que as haviam instituído* em primeiro lugar, isso a que ele chama de *recorrência* conceitual.

Essa concepção dinâmica e recorrente constitui a originalidade de sua filosofia das ciências, tanto em relação ao positivismo lógico, que só considera a coerência lógica (a-histórica) do sistema dos conhecimentos, quanto em relação à teoria dos "paradigmas" desenvolvida por Thomas Kuhn, na qual a ruptura é operada entre dois paradigmas *incomensuráveis*. Segundo Kuhn, a estrutura das revoluções científicas consiste na substituição de um paradigma por outro sem que nenhum procedimento racional possa avaliar o progresso relativo. Bachelard propõe, em contrapartida, a recorrência como condição do progresso: a nova teoria deve reencontrar a antiga, sob sua forma mais simples, como um caso particular. Ela deve mesmo torná-la mais inteligível, pois sua validade é apresentada com melhor precisão que antes. A constatação de uma incomensurabilidade entre duas teorias continua a ser insatisfatória. O progresso é *diferencial*.

Bachelard elaborou uma filosofia da ciência em *crise*: ele se interessa antes de tudo por aquilo "que Nietzsche chama de 'um terremoto de conceitos', como se a Terra, o Mundo, as coisas tomassem outra estrutura devido ao fato de que a explicação é formulada sobre novas bases"[81], como ele

---

81. G. Bachelard, *L'Engagement rationaliste*, op. cit., p. 72.

indica, prestando homenagem a Einstein. Certas descobertas científicas são choques metafísicos: os conceitos de "espaço absoluto", "tempo absoluto", "movimento absoluto", "simultaneidade absoluta" se põem a tremer quando aparece a teoria da relatividade restrita. O que constitui o valor do espírito científico, aos olhos de Bachelard, é que ele sai reforçado dessa prova. O espírito não esmorece diante das exigências crescentes do acordo do racional e do real; ele aperfeiçoa-se abandonando os postulados anteriores; ele muda de método:

> Toda descoberta real determina um método novo. E deve arruinar um método prévio. Dito de outra forma, no reino do pensamento, a imprudência é um método.[82]

Esta última frase lembra Nietzsche, tanto pelo estilo quanto pelo propósito. É uma crítica da prudência do método cartesiano, que concebe a ciência como um conjunto de verdades eternas dedutíveis a partir de um fundamento absoluto. A concepção cartesiana do método é criticada por Bachelard, a partir de *O novo espírito científico*, e ele desenvolve, em acordo com Ferdinand Gonseth*, o tema de um "método *não* cartesiano"[83], isto é, de um método de pesquisa que não impõe nenhum princípio anterior ao próprio conhecimento. Esse método deve, a exemplo da ciência, ser *aberto* e capaz de modificar suas bases em função da experiência. Esse método *não* cartesiano é um caso particular da filosofia do *não* (que exporemos mais adiante) e corresponde à reviravolta de perspectiva entre o simples e o complexo de que já falamos,

---

82. Ibidem, p. 11.
83. V. Bontems, "Le *Non*-Cartésianisme: la méthode *non*-cartésienne selon Gaston Bachelard et Ferdinand Gonseth", in: D. Kolesnik (Org.), *Qu'Est-ce qu'Être Cartésien?*, Lyon, ENS Editions, 2010.

a propósito do espectro do hidrogênio e dos elementos alcalinos, ou de Newton e Einstein.

O método *não* cartesiano recusa certos axiomas do método cartesiano: sua pretensão de fundar definitivamente a ciência e seu princípio de "analicidade", isto é, a suposição de que a realidade física se decompõe em elementos simples; depois, num segundo momento, as induções ontológicas operadas a partir da mecânica quântica mostram que a ontologia é generalizável a realidades potenciais irredutíveis ao esquema cartesiano; num momento posterior, a reviravolta de perspectiva faz com que o simples apareça como um caso particular do complexo e o método cartesiano como uma aplicação limitada do método *não* cartesiano. O método *não* cartesiano confunde-se com a epistemologia dos "estados críticos" da ciência:

> A epistemologia permanece, portanto, por essência e não por acidente, em estado de crise.[84]

No entanto, não se deveria concluir que esse método condene a alguma vertigem teórica permanente. A dúvida hiperbólica prévia do cartesianismo, segundo a qual o espírito desfrutaria da segurança ilusória de uma certeza absoluta, é substituída pelo uso metódico de uma dúvida potencial e recorrente. Um espírito científico não fica continuamente pondo em dúvida tudo o que sabe, pelo menos não ao mesmo tempo: ele procede, quando a necessidade se faz sentir, ao questionamento de suas hipóteses de modo hierarquizado, preferindo normalmente modificar mais a margem que o próprio cerne do sistema de conhecimentos. Donde a importância dos pensadores de gênio, tais como Einstein, que percebem a necessidade

---

84. G. Bachelard, *Le Nouvel Esprit scientifique*, op. cit., p. 166.

de transformar os próprios fundamentos. Em contrapartida, o método *não* cartesiano significa que um espírito científico jamais poderá, por princípio, recusar-se a modificar um elemento do sistema racional. Há, assim, *potências* recorrentes da dúvida e da vigilância racional do espírito por si mesmo[85]: pode-se duvidar do resultado de uma experiência em razão das hipóteses, é a vigilância; pode-se em seguida duvidar da validade da hipótese em nome do método, é a vigilância ao quadrado ou (supervisão)^2; pode-se duvidar do próprio método (vigilância)^3; mas, se essa dúvida não é efetuada em nome dos próprios valores da ciência, saímos do quadro da vigilância racionalista para cair, com Nietzsche, no irracionalismo.

A ruptura com a estratégia cartesiana de uma fundação absoluta significa a recusa de qualquer metafísica prévia ao exercício da razão científica e de seu poder crítico. Não há nenhuma anterioridade ou precedência da filosofia sobre as ciências na expressão "filosofia das ciências". Se Bachelard frequentemente prefere a expressão "filosofia científica" é justamente porque esta sugere que o valor dessa filosofia depende inteiramente de sua cientificidade, isto é, de sua contemporaneidade com as ciências de sua época.

A crítica do cartesianismo permite também a Bachelard manifestar em que sua concepção da dinâmica do espírito se aproxima da prática efetiva da pesquisa científica. O espírito científico desenvolve-se por meio de uma espécie de *cogitamus*[86] que rompe com o projeto solitário do *cogito* cartesiano. Submetido ao controle de seus pares, o cientista desfruta do privilégio de poder delegar a eles, em parte, a tarefa de duvidar e de vigiar suas

---
85. G. Bachelard, *Le Rationalisme appliqué*, op. cit., pp. 77-81.
86. Ibidem, p. 57.

próprias reflexões, da mesma maneira que assume uma parte dessa tarefa quando, por sua vez, ele os avalia:

> Como diz o poeta, essa essencial pluralidade dos pensadores de uma corrente científica determinada: a expressão do homem "à milésima pessoa do singular".[87]

Existe aí uma profunda unidade entre o tema da vigilância mútua pelos pares e o da autovigilância recorrente: a mesma organização do espírito científico é apreendida sociologicamente na escala coletiva e psicologicamente na escala individual. A vigilância racional organiza-se tanto no nível individual quanto no coletivo para ter o domínio da renovação permanente do método *não* cartesiano. Isso também significa que a elaboração do método *não* cartesiano que normatiza, ao menos implicitamente, a prática dos pesquisadores diz respeito à própria epistemologia, mas implementada no interior das ciências pelos próprios cientistas. A filosofia *das* ciências é aquela que se ocupa das ciências, mas é também a filosofia produzida pelas ciências.

O problema que se coloca então é saber se ainda há um lugar para a filosofia propriamente dita, qual é seu objeto nesse caso, e se ela também dispõe de um método análogo para controlar seu trabalho conceitual e avaliar seus progressos. É o que veremos a seguir, ao estudar os efeitos induzidos pelos progressos do espírito científico no seio da "filosofia do *não*".

---

87. G. Bachelard, *L'Activité rationaliste de la physique contemporaine*, op. cit., p. 12.

II
A relatividade filosófica

Se por um lado a ciência está no âmago da reflexão bachelardiana, por outro esta se apresenta, todavia, como uma "filosofia". É, portanto, legítimo dirigir-lhe as questões clássicas da história da filosofia: Em que consiste sua filosofia primeira? Que relação ela entretém com as filosofias do passado? Quais são seus conceitos centrais? Ela tem seu próprio método? Porém, é difícil responder, dado que Bachelard nunca se situa na perspectiva de uma história da filosofia perene: ele se mantém sempre *deslocado*, e em primeiro lugar em relação aos "grandes" filósofos. A crítica radical que faz da perspectiva geral desses filósofos frequentemente não dispensa uma apropriação seletiva de alguns de seus conceitos[1]: de Descartes, ele toma emprestado também o tema do método, mas recusando a evidência da simplicidade; de Kant, o númeno, recusando a perspectiva transcendental; de Hegel, a dialética, sem o movimento tese-antítese-síntese; de Comte, a noção de progresso das ciências, rompendo com seu modelo cumulativo; de Husserl, a fenomenologia, para submetê-la à

---

1. É preciso distinguir esses empréstimos — que, mesmo conservando a potência operatória dos conceitos, modificam sua condição de aplicação — da pura e simples *neutralização* dos conceitos operada por sua colocação entre aspas (operação à qual Bachelard dedica uma interessante análise em *Le Matérialisme rationnel*, op. cit., pp. 216-217).

exigência técnica; de Nietzsche, a transmutação dos valores, limitando-os somente aos valores racionais; e, de James, a avaliação do grau de realidade relativa das coisas e das noções, mas sem seu critério utilitarista. Quanto a Bergson*, se Bachelard afirma "do bergsonismo aceitamos quase tudo, salvo a continuidade"[2], isso significa, de fato, contestar radicalmente as suas pretensões. Bergson encarna, aos seus olhos, a atitude presunçosa do filósofo e cada empréstimo aparentemente lisonjeiro constitui, na verdade, uma crítica feroz.

Essa apropriação dos conceitos é quase sempre perturbadora, dado que é polêmica sem situar-se no mesmo nível que os filósofos concernidos: a fenomenologia, o existencialismo e mesmo o bergsonismo só são caracterizados de maneira alusiva para serem mais bem deslocados, desviados e finalmente rechaçados. Bachelard muda seu terreno de aplicação, o que produz um deslocamento conceitual que, por sua vez, invalida suas pretensões iniciais. Assim, considerar um "existencialismo da energia"[3], exigindo que ele submeta suas "experiências" às exigências de reprodutibilidade das experiências científicas, significa ressaltar as fraquezas do existencialismo que se baseia no vivido psicológico.[4]

Bachelard, por vezes, é apresentado a partir de sua evolução crítica em relação a Émile Meyerson*. Seus primeiros escritos retomavam a tese da irracionalidade fundamental da realidade ("Meyerson mostrou que o real era irracional em si").[5] Essa explicação do inacabamento

---
2. G. Bachelard, *La Dialectique de la durée*, Paris, PUF, 2001, p. 7. [Ed. bras.: *A dialética da duração*, trad. Marcelo Coelho, São Paulo, Ática, 1994.]
3. G. Bachelard, *Le Matérialisme rationnel*, op. cit., p. 177.
4. G. Bachelard, *Fragments d'une poétique du feu*, Paris, PUF, 1988, p. 46: "*Le vécu garde la marque de l'éphémère s'il ne peut être revécu*" [O vivido guarda a marca do efêmero se não puder ser *revivido*].
5. G. Bachelard, *Essai sur la connaissance approchée*, op. cit., p. 177.

estrutural da ciência foi em seguida recusada por Bachelard, refutando a ideia de que o valor da ciência possa ser medido à luz de uma realidade desconhecível.[6] *La Valeur inductive de la relativité*, cujo título já é uma crítica de *La Déduction relativiste*, toma claramente a contrapartida do conjunto das teses de Meyerson: Bachelard aí afirma sua racionalidade integral do real; ele introduz a dialética no seio do racionalismo (contra o princípio de identidade); faz valer a potência indutiva da matemática e recusa a continuidade entre o senso comum e o raciocínio científico. Essa evolução é representativa da maturação de suas ideias; entretanto, é só uma retificação dentre outras, ou até mesmo uma simples elucidação. Nada prova que Bachelard tenha elaborado seu pensamento em função de Meyerson.

Bachelard dá provas de um grande ecletismo em suas referências a uma miríade de autores reputados menores, com os quais faz acordos pontuais, frequentemente ignorando o resto do sistema, começando por Brunschvicg e Rey, seus dois "mestres". Ele tem predileção pelos pensadores que também se situam à margem de suas próprias correntes de pensamento, como Octave Hamelin, que fazia um uso heterodoxo da dialética, ou Charles Renouvier[7] e Harald Høffding[8], que tinham em comum o fato de insistirem sobre a crise do substancialismo e a importância

---

6. Essa rejeição leva a revisões teóricas. No *Ensaio*, as probabilidades são explicadas pela finitude de nosso conhecimento subjetivo, enquanto em *O novo espírito científico* Bachelard atribui um estatuto objetivo do conhecimento probabilístico, afastando-se de Reichenbach (G. Bachelard, *Le Nouvel Esprit scientifique*, op. cit., pp. 123-125). Cf. J.-C. Pariente, "Rationalisme et ontologie chez Gaston Bachelard", in: M. Bitbol e J. Gayon (Orgs.), *L'Épistémologie française (1830-1970)* (Paris, PUF, 2006), p. 269.
7. Charles Renouvier (1815-1903), filósofo francês, fundador do personalismo.
8. Harald Høffding (1843-1931), filósofo neokantiano dinamarquês.

das relações. Ele raramente assinala uma convergência mais profunda, mas é o caso com Ferdinand Gonseth, de quem louva as análises a partir de 1934, com quem simpatiza em 1937 e funda a revista *Dialectica* em 1947, de quem ainda saúda a obra em 1950[9] e com quem dialoga em 1952.[10] Bachelard teria declarado a Gonseth: "Você me ajuda a me tornar melhor."[11] Trata-se, infelizmente, de um autor pouquíssimo praticado para que a referência à sua obra esclareça o leitor.

O que torna a investigação genealógica difícil e decepcionante é a dispersão das referências filosóficas e a ausência de uma figura central legítima. É claro que se pode ressaltar seu pertencimento a certo "polo" do campo filosófico, o de uma filosofia resolutamente racionalista, que pretende permanecer em contato com os métodos científicos, mas Bachelard reivindica *vários* "racionalismos", jamais os dissociando de análises rigorosas. Portanto, não é fácil dizer com precisão em que consistiria sua "filosofia primeira", se é que ela existe...[12]

Sua filosofia é aberta, evolutiva, antidogmática. A única certeza seria sua recusa de qualquer *a priori* anterior ao conhecimento científico. Como regra geral, pode-se notar seu posicionamento filosófico por meio da releitura de textos da tradição filosófica que ele opera à luz de trabalhos *científicos*: no *Ensaio sobre o conhecimento*

---

9. "L'Idoneisme ou l'exactitude discursive", em *Études de philosophie des sciences*, 1950.
10. G. Bachelard, *L'Homme devant la science*, op. cit., pp. 214-222.
11. F. Gonseth, *Mon Itinéraire philosophique*, Vevey, Éditions de l'Aire, 1996, p. 129.
12. G. Bachelard, *Fragments d'une poétique du feu*, op. cit., p. 34: "O racionalismo nunca é uma filosofia primeira: ele renova-se quando aborda as construções de uma nova ciência, as organizações necessárias para ordenar as experiências que tratam de novos campos."

aproximado (1928), o autor mais citado é Émile Borel[13]; no *Étude sur l'évolution d'un problème de physique* (1928), o físico Joseph Fourier[14]; em *La Valeur inductive de la relativité* (1929), Albert Einstein; em *O pluralismo coerente da química moderna* (1932), o químico Dimitri Mendeleiev; em *O novo espírito científico* (1934), o matemático Gustave Juvet[15]; em *A experiência do espaço na física contemporânea* (1937), o físico Werner Heisenberg; em *A formação do espírito científico* (1938), Isaac Newton; em *A filosofia do não* (1940), o matemático Adolph Buhl; em *L'Activité rationaliste de la physique contemporaine* (1951), Louis de Broglie.

Para Bachelard, são primeiramente a ciência e os cientistas que pensam, de tal forma que a relação tradicional da filosofia com as ciências se encontra invertida: a maior parte dos epistemólogos interpreta a ciência à luz de suas concepções filosóficas; Bachelard pretende interpretar os sistemas filosóficos à luz das exigências de pensamento dos cientistas. A esse respeito, deve-se apontar as afinidades eletivas de seu ecletismo esclarecido com as reflexões de Einstein sobre a justa relação operatória a ser estabelecida entre a ciência e as diversas variedades de filosofia.[16]

---

13. Félix Édouard Justin Émile Borel (1871-1956), político e matemático francês, fundador do Instituto de Estatística da Universidade de Paris.
14. Jean Baptiste Joseph Fourier (1768-1830), matemático e físico francês, inventor das "séries de Fourier".
15. Gustave Juvet (1896-1936), matemático e físico suíço.
16. Einstein explica seu "oportunismo" filosófico pelas exigências da pesquisa científica: "A relação recíproca da epistemologia e da ciência é de uma natureza bem notável. Elas dependem uma da outra. A epistemologia, na ausência de contato com a ciência, torna-se um esquema vazio. A ciência sem epistemologia — se for possível ao menos pensá-la assim — é primitiva e confusa. No entanto, mal o epistemólogo, que busca um sistema claro, começa a traçar um caminho na direção de tal sistema, já tenta interpretar o conteúdo do pensamento da ciência no sentido de seu sistema — e rejeitar tudo o que está fora disso. Por sua vez, o cientista não pode se impedir de levar tão longe assim seu esforço na direção

Bachelard denuncia as filosofias que procedem a esclarecimentos unilaterais da ciência e reivindica um "polifilosofismo" capaz, ao contrário, de abordá-la em todos os seus ângulos. No centro desse dispositivo conceitual, encontra-se a *conexão* de dois esclarecimentos complementares da atividade racionalista da ciência: o "racionalismo aplicado" e o "materialismo racional". Essas expressões parecem, em primeiro lugar, oximoros. Elas expressam a tensão fecunda da associação dos polos experimental e teórico na ciência. Como os neologismos, é um traço estilístico significando, em Bachelard, sua propensão a formar "expressões sintaticamente duais e semanticamente autocorretoras; elas são formadas por um substantivo e por um adjetivo, tendo este último a função de retificar, de reparar o efeito do substantivo, de pôr em alerta contra seu peso".[17] Para apoiar ainda esse propósito, citaremos o "pluralismo *coerente*" da química. Essa oscilação

---

de uma sistemática epistemológica. Ele aceita com reconhecimento a análise conceitual do epistemólogo; entretanto, as condições externas, que intervêm por ele através dos fatos da experiência, não lhe permitem se deixar restringir demãos na construção de seu mundo conceitual por adesão a um sistema epistemológico, qualquer que seja ele. Ele deve então aparecer para o epistemólogo sistemático como uma espécie de oportunista sem escrúpulos: ele aparece como um *realista* na medida em que busca descrever um mundo independente dos aros de percepção; como um *idealista* assim que considera os conceitos e as teorias como livres invenções do espírito humano (elas não podem ser logicamente deduzidas do dado empírico); como um *positivista* se considera que seus conceitos e suas teorias são justificados somente na medida em que fornecem uma representação lógica das relações entre as experiências dos sentidos. Ele pode até mesmo aparecer como um *platônico* ou um *pitagórico* se considera que o ponto de vista da simplicidade lógica é ferramenta indispensável e efetiva da pesquisa." A. Einstein, "Replay to Criticisms", in: P. A. Schilpp (Org.), *Albert Einstein: Philosopher-Scientist*, Evanston, The Library of Living Philosophers, 1949, p. 684, traduzido e citado em M. Paty, *Einstein philosophe* (Paris, PUF, 1993), pp. 375-376.

17. J.-C. Pariente, "Rationalisme et ontologie chez Gaston Bachelard", in: M. Bitbol e J. Gayon (Orgs.), *L'Épistemologie française (1830-1970)*, op. cit.

interna da expressão decorre da dialética do espírito científico. Como notou Lecourt[18], Bachelard precisa seu posicionamento em relação às outras filosofias por meio de um *diagrama*:

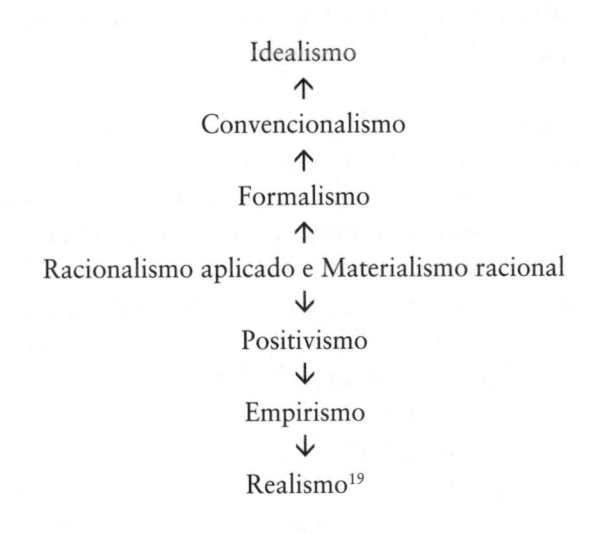

Idealismo
↑
Convencionalismo
↑
Formalismo
↑
Racionalismo aplicado e Materialismo racional
↓
Positivismo
↓
Empirismo
↓
Realismo[19]

Esse diagrama indica a distância relativa das filosofias em relação ao centro da tensão entre os dois planos teórico e experimental. A conexão central atesta a irredutível dualidade entre teoria e experiência, ao mesmo tempo que indica, para uma filosofia dialetizada, a possibilidade de se manter o mais perto possível de seu centro. As filosofias das ciências tradicionais são então compreendidas como *hemi*filosofias, os resultados de uma defasagem em que um dos polos é sacrificado e o outro absolutizado, a fim de restituir uma aparência de fundação imutável aos conceitos fora da ciência. Essas filosofias desprovidas de absoluto formam um *espectro* de interpretações cujo

---
18. D. Lecourt, *L'Épistémologie historique de Gaston Bachelard*, op. cit., p. 51.
19. G. Bachelard, *Le Rationalisme appliqué*, op. cit., p. 5.

valor científico se degrada à medida que elas se distanciam do centro dialético primordial:

> De filosofias que se dão estritamente ligadas ao pensamento científico, como o positivismo ou o formalismo, ganham-se 'funções filosóficas' muito mais frouxas e sob sua autoridade todas as filosofias podem encontrar espaço.[20]

As filosofias situadas na extremidade do espectro (idealismo e realismo) representam o equivalente dos obstáculos simétricos de que se pretendia proteger a dialética da aproximação. Entretanto, além da denúncia de obstáculos simétricos, o que torna esse diagrama manifesto é a necessidade de uma conexão do materialismo racional e do racionalismo aplicado: o "nem-nem" é compreendido a partir do "e". Somente partindo dessa conexão bipolar apreende-se o teor científico de uma filosofia e, por conseguinte, o posicionamento de Bachelard em relação a ela. Esse diagrama é a formulação de uma *epistemologia da epistemologia*, sendo a ambição de Bachelard fazer intervir na filosofia as mesmas operações, as mesmas recorrências e uma exigência dialética análoga àquela das ciências. Sua filosofia é *induzida* pelos progressos do espírito científico e, em particular, pelas "virtudes filosóficas da revolução einsteiniana".[21]

Tanto é que se pode ver aí uma tentativa de elaborar uma autêntica "Relatividade filosófica"[22], se distinguirmos esse projeto de qualquer tendência *relativista* no

---

20. D. Lecourt, *L'Épistemologie historique de Gaston Bachelard*, op. cit., p. 52.
21. G. Bachelard, *L'Engagement rationaliste*, op. cit., p. 120.
22. J.-H. Barthélémy e V. Bontems, "Relativité et réalité: Nottale, Simondon et le réalisme des relations", *Revue de Synthèse*, n. 1, p. 42, 1999. Barthélémy desenvolve a ideia de uma Relatividade filosófica (mais geral, mais compatível) em *Penser la Connaissance et la technique après Simondon* (Paris, Harmattan, 2005).

sentido ordinário: o que a Relatividade induz em filosofia não é a equivalência de todos os valores, nem o ceticismo que disso decorre, mas sua relatividade a vários sistemas de avaliação e a coordenação entre esses "referenciais" (segundo o termo esclarecedor de Gonseth).[23] A Relatividade filosófica opõe-se tanto aos valores absolutos dos pensamentos dogmáticos quanto à equivalência fácil que é seu inverso: ela visa a medir a *covariância* conceitual entre diferentes referenciais, a estudar suas relações. Essa ideia de uma relatividade filosófica estava presente em outras filosofias suas contemporâneas. *A relatividade filosófica* (citada por Bachelard) é um título de Høffding, que apresenta a evolução da metafísica como caminhando no sentido de um enfraquecimento da noção de substância e de um fortalecimento da categoria de Relação. Bachelard também pôde ser sensível à formulação efetuada por Renouvier (que ele cita frequentemente) de um "princípio de relatividade":

> O princípio de relatividade, aceito ou rejeitado, separa método da realidade do realismo. Segundo esse princípio, *a natureza do espírito é tal que nenhum conhecimento pode ser atingido e formulado, e, por conseguinte, nenhuma existência real concebida, senão com a ajuda de suas relações e, em si mesma, como um sistema de relações.*[24]

Substanzbegriff und Funktionsbegriff [*Substância e função*], de Ernst Cassirer, marca uma inflexão do neokantismo no sentido de um antissubstancialismo bastante similar, e *Zur*

---

23. F. Gonseth, *Le Référenciel, univers obligé de médiatisation*, Neuchâtel, Le Griffon, 1975.
24. C. Renouvier, *Les Dilemmes de la métaphysique pure*, Paris, Alcan, 1901, p. 8.

*Einstein'schen relativitätstheorie*²⁵ [*Teoria da relatividade de Einstein*] objetiva reformar a filosofia transcendental depois que ela foi abalada pelo "choque metafísico" da relatividade. Não há dúvida de que existe uma proximidade intelectual entre todos esses reformadores de Kant e o *leitmotiv* de Bachelard da preeminência das relações sobre as substâncias. Bachelard afirma a propósito da relatividade:

> Acreditamos poder dizer, vivendo no plano do pensamento científico renovado pelo hipercriticismo relativista, que *a essência é uma função da relação*.²⁶

Apesar disso, Bachelard não propõe essas fontes neokantianas: ele considera que não basta reformar o kantismo, mas que é preciso romper com a perspectiva transcendental. O que esses autores têm em comum com Bachelard é outra coisa que não a herança kantiana: é terem compreendido a *contemporaneidade epistemológica*, isto é, a necessidade, para um racionalista, de assegurar-se de que está em acordo com as ciências de seu tempo. O filósofo não dispõe de nenhum privilégio em matéria de ontologia, nem de acesso intuitivo direto à essência das coisas: ele deve apreender prioritariamente o real por meio das relações que a ciência e a técnica estabelecem. Uma filosofia racionalista não tem valor intemporal — ela só é racional na medida em que é contemporânea:

> É preciso que o racionalista pertença a seu tempo. E chamo de seu tempo o tempo científico, da ciência do tempo que vivemos atualmente.²⁷

---

25. E. Cassirer, *Substance et fonction* (1910), Paris, Minuit, 1977. E. Cassirer, *La Théorie de la relativité d'Einstein* (1921), Paris, Cerf, 2000.
26. G. Bachelard, *La Valeur inductive de la relativité*, op. cit., p. 208.
27. G. Bachelard, *L'Engagement rationaliste*, op. cit., p. 53.

Por meio do diagrama que mede a defasagem de toda filosofia em relação à ciência, Bachelard permite pensar uma *Relatividade filosófica*: a razão só é contemporânea de si mesma *relativamente* aos esforços que produz para integrar, no plano filosófico, os progressos da ciência. Por isso os efeitos de campo induzidos em filosofia pelo progresso das ciências são outras tantas manifestações da pesquisa da *contemporaneidade relativa*. Para Bachelard, é impossível avaliar a pertinência de uma filosofia sem pô-la à prova das ciências de seu tempo.

Assim, a filosofia racionalista torna-se uma pesquisa de contemporaneidade relativa ainda mais complexa que a epistemologia trans-histórica, pois ela se complica pela relação que adotamos em relação às filosofias racionalistas anteriores, em função da relação que elas mesmas mantinham com as ciências de seu tempo.

Essa sobrerreflexividade leva a pensar o problema *das transformações históricas das relações de contemporaneidade relativa* entre ciência e filosofia no decorrer de suas histórias entrelaçadas. Nessa perspectiva, explicitaremos, em primeiro lugar, como o racionalismo de Bachelard se difrata em tantos "racionalismos regionais" quantos são os campos científicos — em que pese seu desejo de dominar a heterogeneidade por um esforço de *trans*racionalismo. Em segundo lugar, dado que as filosofias racionalistas nem sempre têm a mesma proximidade com a ciência, é preciso medir a evolução histórica da defasagem entre filosofia e ciência para pôr em perspectiva os diversos estágios de sua contemporaneidade relativa. É o que a "filosofia do *não*" realiza. Em terceiro lugar, a convergência progressiva entre as ciências e a filosofia induz a dissolução da noção de "substância".

Esse processo de *dessubstancialização* metafísica, já observado por Renouvier e Høffding, segue os progressos da física e da química. Se por um lado ele não cai no irrealismo, por outro tem como consequência uma transferência do valor ontológico das substâncias para as *relações*. Processos que Bachelard, seguindo Einstein, designa como "relativação" (*Relativierung*). No entanto, ele jamais expôs uma reconstrução da metafísica sobre a base de um "realismo das relações", mesmo que tenha sugerido seus contornos por meio de alguns enlevos poéticos.

Enfim, seguindo Bachelard em seus percursos para renovar a filosofia, evidenciaremos a persistência de um "método". Na maior parte de suas análises filosóficas, ele recorre àquilo que denomina, por analogia com os "espectros" da física e da matemática, a análise *espectral*. Simultaneamente método de elaboração e de avaliação dos conceitos, a análise espectral consiste em ressaltar as interferências de uma noção com as disciplinas, os autores ou as fases históricas. Ela aplica-se numa perspectiva transdisciplinar e trans-histórica. Os "perfis epistemológicos" das noções de massa ou de energia propostos por *A filosofia do não* medem assim a evolução do valor operatório de noções no decorrer do tempo. Esse método concerne a toda a filosofia de Bachelard e aplica-se também à poesia e à imaginação.

O racionalismo de Bachelard

Bachelard reivindica seu pertencimento a diversas correntes de pensamento das quais ele é, por vezes, o único representante... Depois do *Ensaio*, "o aproximacionismo" cede pouco a pouco o lugar a um "racionalismo aberto" (ao qual se vincula a "filosofia aberta" de Gonseth), assim como a outras variações em torno do racionalismo, tais como o "racionalismo complexo" ou o "racionalismo dialético". Canguilhem designa a retidão intelectual que Bachelard compartilha com Jean Cavaillès[*] e Albert

Lautman como "racionalismo engajado".²⁸ Essa diversidade lexical pode levar ao temor de alguma dispersão inconsequente ou desenvolta. Não é o caso: todas essas expressões integram-se no "racionalismo". Jamais se encontra qualquer referência a outro princípio que não a razão. Para dizer a verdade, a razão é mais um *valor* suscetível de esclarecer a evolução das normas científicas que um princípio normativo imutável que preexistiria à sua formação no espírito científico. A posição racionalista jamais é dada; ela é ganha contra a inclinação natural dos hábitos de pensamento e do relaxamento intelectual: "Racionalista? Tentamos *vir a sê-lo*."²⁹ O racionalismo não é uma filosofia de princípio, mas uma "filosofia de investigação".³⁰

O racionalismo de Bachelard só toma sentido por ser qualificado. Um racionalismo *engajado* significa que a ciência é um valor a ser defendido. O racionalismo *aberto* implica que ele não é um sistema fechado, que deve ser reformado e ampliado sem cessar para integrar novas experiências. O racionalismo *dialético* impõe-se pela dualidade das bases por ocasião das transformações das normas científicas. O racionalismo *complexo* remete à diversidade dos campos científicos. Essas variações arruínam a pressuposição de uma Razão uniforme e impassível. Os adjetivos visam a neutralizar o dogmatismo e o fixismo que ordinariamente se vinculam ao termo "racionalismo"; tornam precisa a referência à razão no âmago da dinâmica do espírito científico. O mesmo ocorre com o prefixo *sur* do *sur*racionalismo.

---

28. Prefácio de *L'Engagement rationaliste*, op. cit., pp. 5-6. Essa expressão lhe é sugerida pela página 38.
29. G. Bachelard, *L'Eau et les rêves*, Paris, José Corti, 1956, p. 10.
30. G. Bachelard, *L'Engagement rationaliste*, op. cit., p. 45.

Formado por analogia com o surrealismo, o surracionalismo aponta para o devir do racionalismo, para a promessa de uma revolução do espírito científico, a antecipação da recorrência. A analogia com o movimento surrealista ressalta seu caráter intempestivo, ou até mesmo subversivo:

> É preciso devolver à razão humana sua função de turbulência e de agressividade.[31]

A revolução axiomática levada a cabo pelas geometrias não euclidianas no século XIX serve de modelo. Lobachevsky[32] terá "promovido a razão polêmica ao nível de razão constituinte".[33] Essa revolução ultrapassa o quadro da ciência: "Ensinando uma revolução da razão, multiplicaríamos as razões de revoluções espirituais."[34] Se o racionalismo bachelardiano é elaborado em ruptura com a filosofia anterior, é porque manifesta essa dissensão interna do racionalismo: assim como o espírito científico rompe com a ciência obsoleta e os poetas surrealistas com a estética acadêmica, a filosofia racionalista deve libertar-se, em nome da própria razão, das formas conservadoras do racionalismo. O *surracionalismo* designa o esforço para superar as crises de um racionalismo por demais estreito, fechado e petrificado, sem que com isso se caia no irracionalismo. Ele designa a coordenação provisória das diversas formas de racionalismos no seio da ciência contemporânea:

> Nosso surracionalismo é, portanto, feito de sistemas racionais simplesmente justapostos. A dialética só nos

---

31. Ibidem, p. 7.
32. Nikolai Ivanovich Lobachevsky (1792-1856), matemático russo, inventor da geometria hiperbólica.
33. G. Bachelard, *L'Engagement rationaliste*, op. cit., p. 9.
34. Ibidem.

serve para delinear uma organização racional por meio de uma organização surracional muito precisa.[35]

Todavia, o progresso das ciências está longe de ser uniforme e unitário. Por isso é preciso adicionar à perspectiva da irreversibilidade do progresso dos conhecimentos a consideração da diversidade dos campos científicos e de seu inevitável desenvolvimento desigual:

O racionalismo pressupõe ao mesmo tempo a necessidade das reformas sucessivas dos quadros racionais e a segmentação em racionalismos regionais.[36]

A expressão "racionalismos regionais" é fruto de um novo distanciamento em relação às "ontologias regionais" da fenomenologia husserliana. Ela opõe-se a um "racionalismo geral" que pretenderia se constituir em bloco diante "da" ciência considerada como um conjunto homogêneo. A esse título, devemos pedir a indulgência do leitor por ter empregado até aqui o singular a fim de simplificar a exposição das relações "da" filosofia com "a" ciência: em rigor, há sempre uma pluralidade de filosofias entretendo relações diferenciais com diferentes disciplinas científicas.

Resta saber como orientar-se nos meandros desse racionalismo difratado e fluente.

A natureza dos diferentes campos científicos influi na orientação das induções levadas a cabo a partir deles. *Grosso modo*, a química é uma ciência cuja evolução inspira ao filósofo um "materialismo racional", isto é, uma racionalização do materialismo, enquanto a física toma mais sentido por meio da aplicação técnica do racionalismo, o "racionalismo aplicado". Dito isso, a difração do racionalismo é

---

35. G. Bachelard, *La Philosophie du non*, op. cit., p. 137.
36. G. Bachelard, *L'Engagement rationaliste*, op. cit., p. 45.

operada segundo linhas de divisão muito mais finas que o dualismo entre o materialismo e o racionalismo. Um conceito só tem uma significação e um valor determinados na relação precisa entre horizontes teórico e experimental específicos: há portanto um racionalismo *mecânico*, um racionalismo *elétrico*[37], um racionalismo *nuclear*, etc. O racionalismo não é aplicado do exterior a vários campos; ele se dedica a cogitar suas normas e seus valores a partir do campo em que trabalha, sem contudo nele ficar preso. A fim de explicar esse ponto, Bachelard toma o exemplo do conceito de "pressão". A pressão de um gás parece uma noção evidente, pois se liga à experiência ordinária da compressão:

> Sabe-se que, se fecharmos certa quantidade de gás num recipiente dotado de um pistão, podemos diminuir o volume desse gás exercendo uma pressão maior sobre o pistão.[38]

Basta uma bomba de bicicleta e de uma câmara de ar para fornecer uma intuição sensível à noção mecânica da pressão expressa sob a forma da lei p.v = constante. A noção de pressão osmótica é menos evidente: ela designa a causa da difusão de moléculas de um solvente (por exemplo, a água) através de uma membrana semipermeável (dispositivo fenomenotécnico criado por Wilhelm Pfeffer[39]) que separa dois líquidos de concentrações distintas (por exemplo, soluções aquosas com quantidades

---

37. G. Bachelard, *Le Rationalisme appliqué*, op. cit., pp. 138-139: "O edifício do racionalismo elétrico [...] não corresponde nem a uma organização lógica nem a um capítulo da história natural. Para caracterizá-lo filosoficamente, é preciso apreender, ao mesmo tempo, o racional e o real numa verdadeira junção no sentido eletromagnético do termo."
38. Ibidem, pp. 125-126.
39. Wilhelm Friedrich Philipp Pfeffer (1845-1920), botânico e fisiologista alemão.

distintas de açúcar). A membrana semipermeável só permite a passagem das moléculas do solvente: estas vão fluir do lado do líquido menos concentrado, a fim de que a pressão hidrostática compense exatamente a diferença de pressão osmótica. Essa pressão osmótica dá conta de inúmeros fenômenos biológicos e exige intuições retificadas mais refinadas que a empregada na manipulação de uma câmara de ar e uma bomba de bicicleta: a observação da célula no microscópio, por exemplo. Esses dois tipos de "pressão" parecem, à primeira vista, remeter a conceitos inteiramente diferentes:

> Há, *segundo a aparência inicial*, fenômenos mais irredutíveis?[40]

Apesar disso, quando a pressão osmótica foi formalizada (de maneira simplificada) por Jacobus van't Hoff[41] sob a forma R.T.i.M = ∏ (onde R é a constante dos gases perfeitos, T a temperatura absoluta, i o número de partículas e M a concentração molar), isso sugeriu uma analogia formal com a lei dos gases perfeitos. Essa analogia não é fortuita, mas o índice de uma correspondência racional mais profunda:

> É no limite que se apresenta a identidade formal das leis; então o pensamento encontra um jogo racional das variáveis. Ele estabelece um primeiro *transracionalismo* entre duas organizações racionais. É claro que esse transracionalismo dará, na sequência, a base de uma segunda aproximação mais complexa. Mas um *elo* racional é fortemente estabelecido. Esse elo subsiste

---
40. G. Bachelard, *Le Rationalisme appliqué*, op. cit., p. 126.
41. Jacobus Hendricus van't Hoff (1852-1911), químico holandês, primeiro laureado do prêmio Nobel de química.

à aplicação e traz um brilhante exemplo de racionalismo aplicado.[42]

A assimilação das duas fórmulas algébricas é em seguida completada pela teoria cinética das pressões: ao designar a pressão como a resultante estatística de um número considerável de choques, compreende-se a razão da equivalência das pressões mecânica e osmótica, ao mesmo tempo que se dispõe de um suporte teórico para desenvolver uma intuição retificada do fenômeno.

O racionalismo encontra assim sua unidade *a posteriori*: ele se difrata para melhor se reformar por meio da circulação enciclopédica dos conceitos entre as "regiões" (definidas pela interligação de um horizonte teórico e de um horizonte experimental).

Encontramos aqui a caracterização do númeno matemático como *invariante das variações* cujos progressos de extensão e da compreensão caminham juntos.[43] O conceito progride por uma série de engajamentos e distanciamentos que permitem estabelecer seu valor operatório *distribuído* segundo o horizonte ao qual está relacionado. Contra uma ideia muito difundida, é preciso insistir aqui sobre o fato de que a necessidade para o pensamento racionalista de se constituir por meio de vários racionalismos regionais não legitima de forma alguma, aos olhos de Bachelard, a constituição de epistemologias *separadas*: não há uma epistemologia da física, outra da biologia, outra da química, etc. A constituição dos racionalismos regionais é simultaneamente mais fina e mais transversal; ela se desenvolve em tensão com a visada sintética do *trans*racionalismo. Elaborar a epistemologia particular de uma disciplina sem relacioná-la

---

42. G. Bachelard, *Le Rationalisme appliqué*, op. cit., p. 129.
43. "Deve-se conferir à equação que comanda os dois cantões da fenomenotécnica o valor de um númeno." Ibidem, p. 169.

com a circulação analógica transdisciplinar dos conceitos é tão ilusório quanto o seria uma epistemologia geral *a priori* cujos conceitos não seriam tirados de, e postos à prova em, uma região particular. O espectro dos diferentes racionalismos reivindicados por Bachelard só toma sentido na perspectiva da pesquisa de uma coerência *trans*racionalista por meio da circulação enciclopédica dos conceitos entre as diferentes regiões. Essa pesquisa corresponde a um procedimento de elaboração *espectral* dos conceitos: cada noção recebe um valor operatório distribuído em função das regiões em que é aplicada. Os exemplos dados até aqui demonstram sua pertinência naquilo que concerne aos conceitos científicos. Resta saber se esse método se estende aos conceitos filosóficos e se ele permite compreender a evolução histórica de sua relação diferencial com as diversas ciências, isto é, dominar a contemporaneidade relativa entre a filosofia e a ciência. Essa perspectiva filosófica *sur*reflexiva, elaborada a partir das análises de *O novo espírito científico* é desenvolvida por Bachelard com o nome de *A filosofia do não*.

A filosofia do não

Como notou Canguilhem, é a história da geometria que fornece a matriz da operação em ação no cerne da filosofia do *não* e que lhe dá seu nome:

> *A filosofia do não* foi pensada segundo o modelo das geometrias não euclidianas, segundo o modelo das mecânicas não newtonianas.[44]

---

44. G. Canguilhem, "Dialéctique et philosophie du non chez Gaston Bachelard", in: *Études d'histoire et de philosophie des sciences*, op. cit., p. 207.

A descoberta das geometrias não euclidianas constituiu uma transformação importante da geometria no final do século XIX; na época de Bachelard, já é um lugar-comum compará-la à transformação da física por Einstein, pois a nova métrica introduzida pela teoria da relatividade geral é uma variedade *não* euclidiana.[45] A hipótese da filosofia do *não* é que essa analogia, aparentemente particular, é o paradigma de qualquer revolução espiritual, seja ela científica ou filosófica. *La Valeur inductive de la relativité* havia deduzido a *fórmula* geral da indução formal sem fazer uso dessa analogia. A analogia serve para estender essa operação para as outras fases do progresso científico. Ela não se estabelece de maneira estática entre a teoria da relatividade e a geometria riemanniana, mas de modo dinâmico entre a passagem da mecânica newtoniana à mecânica relativista e a passagem da geometria euclidiana à geometria não euclidiana; ela pensa a transição.

A geometria euclidiana foi durante muito tempo a única a existir, e era reputada como "natural": Kant não hesitava em identificá-la a uma forma *a priori* da sensibilidade. No entanto, um problema aguçava a curiosidade dos matemáticos: como demonstrar o quinto postulado de Euclides, que afirma: "Por um ponto fora de uma reta só passa uma paralela a essa reta"? Depois de muitas tentativas infrutíferas, Lobachevsky procedeu de maneira absurda: supôs que se podia fazer passar várias paralelas por um ponto e desenvolveu as consequências desse postulado, esperando chegar a uma contradição. Contudo, quando se lê sua *Pangeometria*, de 1855, "não somente nos apercebemos de que a contradição não ocorre, como

---

45. "A mecânica não newtoniana de Einstein foi expressa muito naturalmente na geometria não euclidiana de Riemann." G. Bachelard, *La Philosophie du non*, op. cit., p. 138.

ainda não tardamos a nos encontrar diante de uma dedução aberta".[46] De fato, a hipótese de Lobachevsky é que há duas classes de retas passando por um ponto distinto de uma reta *R*: as que são secantes com *R* e as que são não secantes com *R*. Quando se supõe que há várias retas nessa segunda classe, isso produz outra geometria: uma geometria hiperbólica. O postulado de Euclides, que afirma só existir uma única reta não secante, é correto sobre um plano de curvatura nula, é uma geometria *plana*, enquanto sobre uma "sela de cavalo" é a de Lobachevsky que corresponde à geometria aplicável: várias retas convergem para um ponto e depois divergem, sem cruzar uma reta *R*. O primeiro momento dialético, o da negação do postulado, resulta num desdobramento das bases teóricas: os matemáticos têm, doravante, a escolha entre dois sistemas de axiomas. Vários matemáticos estabeleceram então a equivalência algébrica dessas duas geometrias: retas planas e hiperbólicas são duas formas de *geodésicas* (o caminho mais curto para ir de um ponto a outro). Esse foi o segundo momento da dialética do *não*, o da extração algébrica da estrutura numenal invariante fora do quadro das intuições primitivas. Ele permite a extensão do campo de validade da axiomática generalizada como sistema de relações:

> A álgebra reúne todas as relações e nada além das relações. É na qualidade de relações que as diversas geometrias são equivalentes. É na qualidade de relações que elas têm uma realidade e não por referência a um objeto, a uma experiência, a uma intuição.[47]

---

46. G. Bachelard, *Le Nouvel Esprit scientifique*, op. cit., p. 29.
47. Ibidem, p. 32.

Os trabalhos de Bernhard Riemann[48] generalizam a noção de superfície definindo a curvatura: a curvatura da geometria euclidiana é nula, a da geometria hiperbólica é negativa, a de uma esfera (onde não há nenhuma paralela, dado que o equivalente de uma reta é um grande círculo e que os grandes círculos se cruzam nos polos) é positiva. Ele funda assim a axiomática da geometria para as superfícies de qualquer curvatura, sob a condição de que elas respeitem a hipótese de Gauss, isto é, que sejam localmente de curvatura nula (como a superfície da Terra, que parece plana na nossa escala). É o terceiro tempo da dialética do *não*. A indução atingiu seu termo e a recorrência pode ser desencadeada: a geometria *não* euclidiana, que se supunha ser um absurdo, a negação de uma evidência, tornou-se uma família de variedades que engloba a geometria euclidiana como caso particular, e até mesmo que a refunda sobre bases mais profundas e delimita mais exatamente seu campo de validade. A geometria euclidiana não fica destruída pelas geometrias *não* euclidianas: ela se integra nelas como geometria de curvatura nula.[49]

A revolução das geometrias não euclidianas é um aprofundamento conceitual. Mais que uma simples mudança de paradigma ou mais que a descoberta da natureza convencional das hipóteses da geometria, trata-se de um progresso para uma base não hipotética, para a ausência de hipóteses particulares.[50] Passa-se de uma problemática — que consistia em analisar a consequência de passar uma única paralela a uma reta por um ponto fora

---

48. Bernhard Riemann (1826-1866), matemático alemão.
49. "A geometria euclidiana tem seu lugar, dentro de um conjunto, como um caso particular." G. Bachelard, *Le Nouvel Esprit scientifique*, op. cit., p. 31.
50. "Uma espécie de generalização polêmica [...] faz a razão passar do *por que* ao *por que não*." Ibidem, p. 10.

dessa reta — a uma perspectiva mais vasta e mais profunda obtida pelo abandono desse postulado.

A dialética do *não* aplica-se, portanto, à recorrência conceitual entre a física relativista e a física clássica.[51] Uma revolução análoga também opera na transição entre a mecânica clássica e as mecânicas ondulatória e matricial. A física clássica só é válida num horizonte limitado: ela ignora os efeitos relativistas, uma vez que estuda os móveis cuja velocidade é muito inferior àquela da luz c; ela ignora os efeitos da quantização por se situar em escalas afastadas daquelas nas quais se manifesta o quantum de ação $\hbar$.[52] Entretanto, essa recorrência é menos conclusiva, pois a mecânica quântica não refunda diretamente as equações de toda a física clássica. O dispositivo completa-se estabelecendo um paralelo com a história da química: uma revolução análoga à física *não* newtoniana ocorre com a química *não* lavoisierana.[53] Ao explicar o espectro dos elementos químicos, a física atômica instaura uma organização quântica da matéria[54], subjacente ao quadro de Mendeleiev. Emerge uma "*não* química" induzida pela revolução quântica.[55]

Há portanto um paralelismo entre as recorrências das linhagens da química e da física, mas será esse esquema válido na filosofia? Sim, pois as transformações da filosofia também são induzidas pelos progressos das ciências. A análise do *não* euclidianismo em *O novo espírito*

---

51. "A astronomia de Newton é, portanto, um caso particular da Pan-astronomia de Einstein, como a geometria de Euclides é um caso particular da Pangeometria de Lobachevsky." Ibidem, p. 46.
52. "A física clássica é uma não física particular que corresponde ao valor zero atribuído a $\hbar$." G. Bachelard, *La Philosophie du non*, op. cit., p. 138.
53. Ibidem, pp. 52 e 56-57.
54. G. Bachelard, *Le Nouvel Esprit scientifique*, op. cit., pp. 82-83.
55. "Uma espécie de não química constitui-se para sustentar a química." G. Bachelard, *La Philosophie du non*, op. cit., p. 61.

científico mostra, assim, que a descoberta das geometrias *não* euclidianas implica a transformação do kantismo:

> É sobre o caráter imutável da arquitetura da geometria que Kant funda a arquitetônica da razão. Se a geometria se divide, o kantismo só pode ser salvo inscrevendo princípios de divisão na própria razão, *abrindo* assim o racionalismo."[56]

E essas transformações da filosofia também são, portanto, recorrentes. As pesquisas de Buhl sobre as curvas contínuas *não* diferenciais são um *aprofundamento* da geometria.[57] Em *A filosofia do não*, Bachelard expõe a descoberta da *não* analiticidade das trajetórias quânticas, colocando-a sob o signo do *não* kantismo:

> A possibilidade de estabelecer um kantismo de segunda aproximação, um não kantismo suscetível de incluir a filosofia criticista, ultrapassando-a, seria fortalecida se pudéssemos mostrar que a ciência matemática pura, trabalhando sobre intuições de espaço e de tempo, prepara conexões capazes de se oferecer como quadros prévios à física de segunda aproximação, à física do micro-objeto.[58]

A elaboração de um "kantismo de segunda ordem" ou *não* kantismo mostra como a Relatividade filosófica recusa toda separação hermética entre aquilo que vale na ciência e aquilo que vale para a história da filosofia. Em virtude do paralelo entre física e química, o kantismo é também contemporâneo do racionalismo químico transitório do quadro

---

56. G. Bachelard, *Le Nouvel Esprit scientifique*, op. cit., p. 24.
57. "É, aliás, uma coisa extremamente notável, observa Buhl, que basta aprofundar ligeiramente certos aspectos da geometria euclidiana para ver surgir uma geometria e mesmo geometrias mais gerais." Ibidem, p. 36.
58. G. Bachelard, *La Philosophie du non*, op. cit., p. 94.

de Mendeleiev — "as funções da filosofia kantiana podem servir para designar certas tendências em ação no conhecimento das substâncias"[59] — e o *não* kantismo com a química *não* lavoisierana, isto é, com a química refundada sobre a mecânica quântica.[60] Bachelard defende então a ideia de que os diferentes acordos da filosofia do *não* com a ciência são eles próprios recorrentes:

> Uma química não lavoisierana é um caso particular daquilo que em *O novo espírito científico* chamamos de epistemologia não cartesiana. Como teremos inúmeras vezes a ocasião de assinalar, as diversas descoordenações operadas pela *filosofia do não* se coordenam.[61]

Há recorrências entre as analogias construídas a partir das recorrências em diferentes linhagens. É então uma recorrência de ordem superior que incide sobre a *transformação histórica das relações de contemporaneidade entre categorias científicas e filosóficas*.[62] Essa recorrência

---

59. Ibidem, p. 59.
60. Ibidem, p. 78.
61. Ibidem, p. 79.
62. O problema que coloca a difícil manipulação mental desses conceitos reflexivos em múltiplos níveis pode ser comparado ao problema matemático das "transformações naturais" na teoria das categorias. Na teoria das categorias, uma transformação natural transforma um functor (um functor é a "flecha" que transforma uma categoria em outra) em outro functor, respeitando a estrutura interna das categorias consideradas (a composição dos morfismos): trata-se então de um morfismo entre functores. Dito de outra forma, trata-se da determinação de uma transformação não entre duas categorias, mas entre dois functores. Eis o esquema:

$$\begin{array}{ccc} F(X) & \xrightarrow{F(f)} & F(Y) \\ \eta_X \downarrow & & \downarrow \eta_Y \\ G(X) & \xrightarrow{G(f)} & G(Y) \end{array}$$

Se $F(X)$ e $F(Y)$ são conceitos recorrentes pertencentes a duas teorias científicas sucessivas e $F(f)$ designa sua recorrência, se $G(X)$ e $G(Y)$ são dois

implica que o acordo entre ciência e filosofia melhora. Pode-se figurar essa convergência modificando o diagrama proposto por Bachelard em *O racionalismo aplicado*:

Galileu e Lavoisier
↓
Newton e Mendeleiev
↓
Einstein e Heisenberg
↓
Surracionalismo e Filosofia do não
↑
Não kantismo
↑
Não cartesianismo
↑
Cartesianismo

O progresso da covariância é aqui representado invertendo-se o sentido das flechas (functores) no diagrama de Bachelard e convergindo os progressos das ciências na direção das filosofias cada vez mais recorrentes com as ciências de seu tempo: ao estado galileano e lavoisierano da ciência corresponde o cartesianismo; ao estado newtoniano e mendeleieviano, o kantismo; ao estado einsteiniano e quântico, uma filosofia *não* cartesiana e *não* kantiana. Nas extremidades do espectro situam-se as teorias mais arcaicas.

---

conceitos que são seus análogos em duas teorias filosóficas sucessivas e $G(f)$ o progresso filosófico, enfim, se η_X e η_Y são as induções sucessivas da contemporaneidade epistemológica entre a ciência e a filosofia, então desejaríamos definir a transformação natural η_f, isto é, o morfismo, transformando $F(f)$, o functor do progresso científico, em uma recorrência análoga $G(f)$ no que concerne à filosofia. A "transformação histórica da contemporaneidade epistemológica" corresponderia a um functor que transformaria η_X em η_Y. Essa seria a operação da filosofia do *não*.

Contudo, esse esquema ainda seria simplista demais se permanecesse linear e petrificado, arquitetural. A noção de lógica *não* aristotélica (sem princípio do terceiro excluído) que Bachelard toma emprestada da semântica geral de Alfred Korzybski[63] (e que ele exemplifica pela lógica trivalente de Paulette Destouches-Février[64] aplicada à mecânica quântica) não designa a rejeição da física aristotélica, que intervém historicamente com Galileu e Descartes, mas o questionamento tardio daquilo que há de mais estável, de mais firmemente sedimentado no espírito científico. Aquilo que foi estabelecido em primeiro lugar, a associação do princípio de não contradição àquele do terceiro excluído, é questionado e refutado por último. As transformações recorrentes ordenadas pela filosofia do *não* sobre um plano epistemológico não necessariamente coincidem com a progressão histórica observada. *A contemporaneidade relativa não é uma coincidência cronológica.*

Esse ponto nem sempre é claro em Bachelard; este denuncia continuamente o fato de que a insuficiência da bagagem científica dos filósofos é um *atraso*; ele insiste assim sobre a defasagem entre as pretensões dos filósofos em pensar a ciência atual e a obsolescência de suas referências:

> Foi do lado geométrico, pela via da geometria não euclidiana, que apareceram as primeiras dialéticas científicas. Se o movimento que deve estender as aplicações da filosofia do não, propagar as dialéticas, não foi imediato, nem muito regular, se presentemente ele não é admitido por todos os filósofos, é porque muitos filósofos perderam o contato com a cultura científica contemporânea.

---

63. Alfred Korzybski (1879-1950), cientista polonês, fundador da semântica geral.
64. Paulette Février, física e filósofa francesa, aluna de Bachelard, casada com Jean-Louis Destouches (1909-1980), físico e filósofo.

Com frequência, os filósofos instalaram-se no campo da lógica aristotélica e é a partir daí que desejam compreender toda a geometria, toda a física.⁶⁵

Dito isso, mesmo que se possa supor que um peripatético teria mais dificuldade que um kantiano para se colocar a par da ciência atual, as revisões induzidas pela ciência na filosofia não correspondem ao encadeamento histórico das doutrinas. O encadeamento das recorrências da filosofia do *não* também não repousa sobre uma estrutura lógica que se desvelaria de um ponto de vista não histórico. É o espírito em progresso que redefine as relações de seu presente com seu passado, isto é, *os operadores** *de seu presente sobre seu passado*: ele reconstrói "por recorrência uma história bem ordenada, que de forma alguma corresponde à história efetiva".⁶⁶

É por isso que a convergência entre ciência e filosofia, reivindicada pela filosofia do *não*, se justifica por seus *operadores*, figurados aqui pelas flechas (functores). Lecourt destacou a importância da noção de *operador* para compreender o estatuto e a historicidade dos conceitos.⁶⁷ Assim como a noção de operador resiste, na ciência, ao formalismo abstrato — pois as idealidades só existem na medida em que operam na experiência —, como no realismo empírico — dado que os observáveis decorrem da estrutura matemática —, ela resiste, na filosofia, às ilusões do formalismo epistemológico, como nas evidências do

---

65. G. Bachelard, *La Philosophie du non*, op. cit., pp. 121-122.
66. G. Bachelard, *Le Rationalisme appliqué*, op. cit., p. 80.
67. D. Lecourt, *L'Épistémologie historique de Gaston Bachelard*, op. cit., p. 49: "Essa noção, que tem um papel importante no pensamento de Bachelard, é a noção de operador. O capítulo IV inteiro de *L'Expérience de l'espace dans la physique contemporaine*, obra publicada em 1940, lhe é dedicado, assim como o capítulo VIII de *L'Activité rationaliste*. Essa noção permite fazer face a dois lados opostos: formalismo matemático e realismo filosófico."

positivismo histórico. Não há nenhum ponto de vista dominante, cujas abstrações existiriam independentemente da formação histórica dos conceitos, e os progressos do espírito científico também não se reduzem a uma sucessão petrificada e definitiva. Os conceitos tomam sentido na história transformando nosso sentido da história.

A relativação

Podemos então precisar os efeitos desses operadores sobre a história da filosofia? Seria preciso, por exemplo, estudar em detalhe o espectro do "efeito Einstein" na filosofia, isto é, os efeitos da recepção da teoria da relatividade por Bergson, Cassirer, Russell[68], Reichenbach[69], etc. "O efeito de campo" da ciência sobre a filosofia consiste em um conflito entre as descobertas da ciência e a estabilidade das certezas metafísicas.

Se um neokantiano só pudesse felicitar-se porque a relatividade geral imporia na cosmologia um universo que se tornaria "finito e, no entanto, ilimitado" pela curvatura do espaço-tempo, é porque tal concepção permite compreender a irresolução da antinomia matemática da razão pura descrita na *Crítica da razão pura*: entregue a si mesma, a razão encontra tantas razões de acreditar que o universo seja infinito quanto finito. A recorrência atuaria em sua vantagem. Por outro lado, o mesmo neokantiano estaria obrigado a uma revisão completa do esquematismo transcendental devido a essa curvatura, dado que o espaço euclidiano "plano" não seria mais o espaço natural da física, enquanto Kant o

---

68. Bertrand Russell (1872-1970), lógico e filósofo britânico, prêmio Nobel de literatura em 1950.
69. Hans Reichenbach (1891-1953), filósofo alemão inicialmente kantiano e depois adepto do positivismo lógico.

havia "deduzido" na qualidade de forma *a priori* da sensibilidade. Donde uma tensão interna ao neokantismo entre a fidelidade ao sistema inicial de Kant e o acordo com as categorias da objetividade científica contemporânea. Bachelard não busca preservar um sistema preexistente. Ao contrário, ele pretende oferecer pistas inéditas e tornar pensável, graças à ciência, à filosofia, aquilo que não o era anteriormente. A "nova física" só constitui um trauma para os metafísicos que se prevalecem da perenidade. O choque é, no fundo, uma chance inesperada de sacudir a reflexão, de reatualizar os conceitos da razão que, sem essa atividade revolucionária, se tornariam fósseis da memória. Bachelard converte um "terremoto de conceitos" num progresso metafísico:

> Quais são então os conceitos que "tremem"? Quais são os conceitos que sofrerão, no plano racional, na bela luz da filosofia racional, uma nietzschiana transmutação dos valores racionais? Serão os conceitos: de espaço absoluto; de tempo absoluto; de velocidade absoluta.[70]

A filosofia do *não* integra reflexivamente essa transformação das categorias metafísicas sob o nome de *dessubstancialização*. Esse processo corresponde à dissolução progressiva da noção de "substância" como referência da ontologia associada às teorias físicas. As etapas sucessivas de algebrização da física fazem, cada vez mais, incidir a carga ontológica da interpretação física dos símbolos matemáticos sobre as grandezas dinâmicas e cada vez menos sobre as variáveis que podem ser interpretadas como as propriedades de uma substância invariante.[71] Na

---

70. G. Bachelard, *La Philosophie du non*, op. cit., p. 123.
71. P. Harman, *Metaphysics and Natural Philosophy*, Totowa, Barnes & Nobles, 1982.

mecânica newtoniana, a "substância" designava ainda a identidade permanente de um indivíduo material em referência à conservação de sua massa. Ora, esta é justamente questionada pela equação relativista que coloca a conversão possível entre matéria e energia. $E = mc^2$ implica uma variação da massa (a inércia) de um móvel que se aproxima da velocidade da luz:

> A relatividade descobre que a massa — tida antigamente por definição como independente da velocidade, como absoluta no tempo e no espaço, como justa base de um sistema de unidades absolutas — é uma função complicada da velocidade. A massa de um objeto é então relativa ao deslocamento desse objeto. Em vão se acreditará poder definir uma massa em repouso que pertenceria propriamente a esse objeto. O repouso absoluto não tem sentido. Também não tem sentido a noção de massa absoluta. É impossível escapar à Relatividade tanto em relação à massa quanto às determinações do espaço-tempo.[72]

A passagem da física clássica à física relativista é uma dessubstancialização na medida em que ela relativiza a noção de massa até então tida como absoluta: abandona-se uma noção invariante, à qual corresponderia uma substância idêntica a si mesma, para substituí-la pela covariância de grandezas dinâmicas entre vários referenciais. Não é somente o objeto observado, mas também o sujeito observador, que é redefinido por meio da covariância desse sistema de relações. Para Bachelard, a dessubstancialização afeta os dois lugares possíveis para abrigar um absoluto:

> Primeiro: no seio de uma Realidade em si, bem próxima ao fundo do princípio criador do qual ela seria a

---

72. G. Bachelard, *La Philosophie du non*, op. cit., p. 31.

emanação ou a obra — ela desempenha então o papel de incognoscível e como consequência é absoluta. Segundo: no interior do sujeito conhecedor onde a consciência, em seu imediatismo, em sua inefabilidade, em sua singularidade, contém um elemento que não tem relação com nada, ainda que a consciência só se esclareça multiplicando-se em um sistema de relações.[73]

Contra essas posições absolutas, contraditórias e simétricas, que são o realismo transcendente e o idealismo imanente, a Relatividade institui um sistema de *relações*:

A Relatividade constituiu-se então como um claro sistema da relação. Exercendo violência contra hábitos — talvez contra leis — do pensamento, passou-se a estabelecer a relação independentemente dos termos envolvidos, a postular ligações ao invés de objetos, a só dar uma justificativa aos membros de uma equação em virtude dessa equação, tomando assim os objetos como estranhas funções da função que os coloca em relação.[74]

A contrapartida positiva da crítica à ontologia substancialista deveria ser então buscada no desenvolvimento de novas intuições construídas a partir das *relações* atualizadas pela física. Essa operação, que converte o processo negativo da dessubstancialização num processo positivo de reinvenção metafísica, isto é, que transforma a ontologia substancialista num realismo das relações, tem por nome *relativação*.

A *relativação* é o nome da operação da filosofia do *não* que buscávamos na seção precedente, aquela que transforma historicamente a contemporaneidade epistemológica.

---

73. G. Bachelard, *La Valeur inductive de la relativité*, op. cit., p. 97.
74. Ibidem, p. 98.

Ela é também a chave da abóbada da Relatividade filosófica. Ela realiza a articulação entre o processo de dessubstancialização metafísica e a perspectiva de uma refundação da ontologia baseada num realismo das relações. A *relativação* não deve ser confundida com uma "relativização" no sentido comum. Os progressos recorrentes da Relatividade filosófica são completamente opostos à inclinação de um "relativismo" para o qual "tudo se equivale":

> A relatividade é uma doutrina do absoluto. Ela vai além das aparências, é claro, mas vai principalmente além daquilo que pareceu dominar as aparências num pensamento anterior. O racionalismo é um aprofundamento.[75]

Para compreender em que sentido Einstein "relativiza" as teorias anteriores (mecânica clássica e eletromagnetismo) e auxilia a filosofia a se transformar, é preciso distinguir os sentidos do verbo "relativizar" e articulá-los de maneira coerente.

Na linguagem comum, "relativizar" consiste em reavaliar um julgamento colocando-o em relação com outros julgamentos de valores e, frequentemente, invalidar assim o valor absoluto desse julgamento para distanciá-lo de si. De um valor absoluto se faz um valor relativo às circunstâncias. Num sentido mais preciso, "relativizar" significa pôr em perspectiva, "fazer derivar de". A reavaliação é então comandada pela necessidade de relacionar: relativiza-se um fato histórico mostrando que ele se insere numa série de fatos contemporâneos ou numa série de acontecimentos sucessivos. Da pertinência dessa seriação depende a validade da relativização. Na física, relativizar tem um sentido ainda mais preciso, o da operação

---

75. G. Bachelard, *L'Engagement rationaliste*, op. cit., p. 95.

de *relativação*, que é a tradução de Maurice Solovine para "*Relativierung*":

> Fomos obrigados a forjar essa palavra para traduzir a palavra alemã *Relativierung*, que expressa admiravelmente o pensamento de Einstein, mas que não tem equivalente na língua francesa.[76]

A *relativação* designa então a consideração das restrições impostas pelo princípio de relatividade às equações que descrevem um fenômeno físico qualquer. A recorrência desse processo explica por que, à luz da relativação efetuada por Einstein, parece que compreendemos Galileu ou Newton[77] melhor que nunca.

Contudo, a relativação foi observada muito antes de Einstein exigir que as leis do eletromagnetismo sejam as mesmas, qualquer que seja o estado de movimento do referencial. Ela já atuava dentro da nova física de Galileu. A física aristotélica pode ser traduzida aí por uma equação dinâmica: $F = kV$, sendo F a "força motriz" (num sentido vago) responsável pelo movimento, o qual é caracterizado pela velocidade V do móvel, e k um dado coeficiente de proporcionalidade. As restrições impostas pelo princípio de relatividade são que F deve ser a mesma em todos os referenciais em translação uniforme. Dito de outra forma, o valor de F deve corresponder, ao mesmo tempo, a V e a $V + V'$, onde V' é a velocidade de deslocamento de um referencial em relação ao outro e não varia no decorrer do movimento e, portanto, do tempo. Constata-se então que F não pode ser proporcional a V, mas somente à sua

---

76. Solovine em A. Einstein, *L'Ether et la théorie de la relativité* (Paris, Gauthier-Villars, 1921).
77. "Esse poder da hierarquia racionalista é tão grande que parece que a ciência moderna compreende melhor sua história do que aqueles mesmos que a viveram." G. Bachelard, *L'Engagement rationaliste*, op. cit., p. 95.

derivada em relação ao tempo, a aceleração. A evidência intuitiva da proporcionalidade da força e do movimento se vê rompida, e a velocidade, relativizada. É nesse sentido que uma teoria "relativiza" o valor de uma variável, que ela "*make it relative*", como se diz em inglês.

De certo modo, o emprego científico do verbo "relativizar" articula os dois primeiros sentidos, estruturando-os matematicamente: relacionar acontecimentos dentro de um sistema de relações que permita sua avaliação, qualquer que seja o referencial adotado. O princípio de relatividade postula que as leis da natureza são as mesmas, qualquer que seja o estado do referencial. O método relativista consiste em determinar as relações de covariância que regem a passagem de um referencial a outro.

A Relatividade filosófica é a consideração da evolução da contemporaneidade relativa entre referenciais científicos e referenciais filosóficos; ela visa a transformar a filosofia para que esta se torne contemporânea das ciências de seu tempo. Essa transformação deve ser pensada por analogia com a Relatividade: é a relativação.

A relativação explica por que a dessubstancialização, que ocorre na metafísica sob o efeito dos progressos recorrentes da física, não condena a filosofia a abandonar qualquer pretensão ontológica. A dessubstancialização *não é* uma desrealização[78], mas exige um "realismo sem substância".[79] Que sentido tem esse realismo? A dessubstancialização provoca a crise simultânea do objeto e do sujeito absolutos pela demonstração da premência das relações sobre os termos das relações. A relativação reconhece então o valor ontológico das *relações*. Ainda

---

78. Em francês, *déréalisation*, sem equivalente em português, que designa o fato de perder o caráter do real, das relações normais com o real com alguma coisa. [N.T.]
79. G. Bachelard, *Essai sur la connaissance approchée*, op. cit., p. 298.

que Bachelard por vezes fale de uma refundação metafísica sobre essa base, sua análise limita-se ao plano epistemológico e não vai além do limiar da reconstrução de uma ontologia. No entanto, podemos prolongar seu pensamento por uma leitura recorrente de suas análises à luz do "realismo da relação", desenvolvido por Gilbert Simondon[80]:

> Quando dizemos que, para o indivíduo físico, a relação faz parte do ser, não queremos afirmar com isso que a relação *exprime* o ser, mas que ela o constitui. [...] Essa doutrina relativista [...] é realista sem ser substancialista, e postula que o conhecimento científico é uma relação com o ser. Ora, em tal doutrina, a relação tem o estatuto de ser. Entretanto, o realismo do conhecimento não deve ser concebido como uma substancialização do conceito; o realismo é a direção desse conhecimento como relação. Aqui, com a teoria da relatividade, nós a vemos ir do racional ao real; em outros casos, ela segue a direção inversa, e são então o encontro e a compatibilidade dessas duas direções epistemológicas que consagram a validade da *relação* sujeito-objeto. O realismo do conhecimento está no aumento progressivo da densidade da relação que liga o termo sujeito e o termo objeto.[81]

Os progressos recorrentes da *relativação* repousam sobre a anterioridade ontológica da relação sobre qualquer posição "de ser". Para que haja "ser", é necessária a presença mútua de um sujeito e de um objeto. A exigência da presença mútua é mais determinante que qualquer

---

80. Gilbert Simondon (1924-1989), filósofo francês.
81. G. Simondon, *L'Individuation à la lumière des notions de forme et d'information*, Paris, Million, 2005, p. 128. Sobre as relações de recorrência entre Bachelard e Simondon, cf. "Anti-substancialisme et physique contemporaine: l'héritage bachelardien", in: J.-H. Barthélémy, *Simondon ou l'encyclopédisme génétique* (Paris, PUF, 2008), pp. 9-13.

fundamentação absoluta, seja ela objetiva ou subjetiva. A Relatividade filosófica esvazia a evidência da realidade em si, assim como a da consciência imediata de si. Ela nos libera do fascínio por qualquer forma de transcendência ou de imanência. Toda existência começa por uma relação. Todas as realidades são produzidas pela "dupla presença; elas não têm raízes no único".[82] Uma pura autoposição, seja ela de um objeto absoluto ou de um sujeito absoluto, seria então metafisicamente impossível. Não se pode pensar o mundo em duas vezes, primeiramente como composto por objetos separados e depois com esses mesmos objetos postos em relação: as relações estão sempre já presentes no mundo físico, e os objetos só aparecem em função delas. Simetricamente, não podemos nos fundamentar no *cogito*, ou numa consciência solipsista que se autofundaria, antes de entrar em relação com outras subjetividades: a consciência só se esclarece ao multiplicar-se num sistema de relações. Bachelard escreveu sobre isso nos termos que evocam o personalismo de Martin Buber[83]:

> Todo dom provém de um tu. O mundo inteiro, sem um tu, nada pode dar.[84]

A partir do momento em que pensa, uma consciência participa de um referencial equivalente a outros.

Ao trabalhar para pormenorizar o referencial bachelardiano, é forçosamente nosso próprio referencial que fazemos evoluir. A integração reflexiva da *relativação* significa que a própria subjetividade deve ser elaborada segundo as exigências do princípio de relatividade. O espírito racional constrói sua relação com a realidade por

---

82. G. Bachelard, *La Valeur inductive de la relativité*, op. cit., p. 103.
83. Martin Buber (1878-1965), filósofo austríaco, naturalizado israelense.
84. G. Bachelard, *Le Droit de rêver*, op. cit., p. 241.

meio das operações do sujeito cognoscente e, ao mesmo tempo, essa construção o leva a objetivar as relações que dominam qualquer forma de subjetividade. Se nosso leitor tem o sentimento de um raciocínio circular, ele não se engana, mas nem todos os círculos são forçosamente viciosos, e o de Bachelard tem o mérito de evitar as aporias dos raciocínios que pretendem proceder de um ponto de partida absoluto (seja o sujeito, seja o objeto). Mas... podemos pensar sobre o que excede ou precede esse círculo? Se o espírito constrói relações que concernem sua vinculação com qualquer objeto, podemos, além da simples oscilação entre os polos objetivo e subjetivo, formular a questão da gênese da conexão?

A anterioridade da relação sobre os termos da relação se expressa por meio da matemática:

> No começo é a Relação, por isso a matemática reina sobre o real.[85]

Sem que tal fórmula nada tenha de místico, seu estilo contrasta com a austeridade que se espera da epistemologia. As relações matemáticas engendram um ponto de vista incomparável sobre o real, mas este é intraduzível na linguagem e não dá conta de nossa experiência da realidade. Bachelard sabe disso, e também sabe que aquele que se arrisca a falar do "real" não tem outro recurso — se não for ingênuo a respeito das projeções substancialistas da linguagem ordinária —, senão o de um achado *poético*. Se Bachelard critica os jogos de linguagem dos metafísicos que hipostasiam substâncias, não rejeita definitivamente a visada ontológica e diverte-se com a ajuda de uma linguagem de estilo poético.

---

85. G. Bachelard, *Études*, op. cit., p. 19.

Ele pretende assim opor duplamente as pretensões da linguagem. Poderíamos então comparar e contrapor seu procedimento ao de um filósofo que ele não leu, Wittgenstein.[86] Um mesmo cuidado de rigor os anima, mas Bachelard soube fazer valer a demarcação entre ciência e não ciência, dando mostras de maior generosidade em relação ao sentido dos enunciados não científicos que o vienense. Sua crítica das pretensões ontológicas da linguagem é radical, mas ele não faz o sentido cair na mística, e sua ontologia se encontra dividida entre a matemática e a poesia para, justamente, subverter a linguagem. A matemática não é uma linguagem, ela é um sistema de relações que induz um realismo não substancialista; ela tem, assim, a virtude de despojar as concepções físicas das metáforas inúteis. A matemática oferece a sintaxe de uma metafísica renovada, mas não sua semântica estabilizada. Uma semântica estável só poderia satisfazer às necessidades da expressão ordinária.[87] A ontologia de uma metafísica renovada só pode ser sugerida pela saturação das possibilidades da linguagem, isto é, pelos efeitos de estilo (neologismos, oximoros, desvios), ou por um uso poético da língua:

> Tal dinamismo responde pelo movimento, pela explosão, aos partidários da língua estabilizada.[88]

Nós nos enganaríamos se opuséssemos a alta estima que Bachelard tem pelos poetas à orientação racionalista de seu pensamento. Sua obra epistemológica pulula de fórmulas metafóricas que desnorteiam os leitores que

---

86. Ludwig Wittgenstein (1889-1951), lógico e filósofo da linguagem austríaco, naturalizado britânico.
87. G. Bachelard, *La Poétique de l'espace*, op. cit., p. 79: "Todas as palavras fazem seu trabalho honestamente na linguagem da vida cotidiana."
88. G. Bachelard, *Fragments d'une poétique du feu*, op. cit., p. 40.

pensam que a epistemologia deve ser escrita numa língua árida. Bachelard requer, ao contrário, uma nova arte poética:

> Matemática antes de tudo... E, para tanto, prefere o ímpar...[89]

O estilo verlaniano não é menos significante em sua pena que suas analogias com a geometria *não* euclidiana. Assim como a decalagem filosófica ou a analogia científica, a fórmula poética lembra que a filosofia não pode ficar satisfeita com a linguagem ordinária: ela deve reinventar sua língua com a mais alta exigência se não quiser se resumir a ser apenas a tediosa paráfrase dos símbolos matemáticos.

A *análise espectral*

Antes de passar a esse outro regime da linguagem que é a poesia, recapitulemos o que havíamos aprendido sobre a filosofia seguindo a via traçada por Bachelard e, por vezes, prolongando-a. A filosofia não se reduz a um comentário da ciência, mesmo que seja impossível isolá-la dos progressos científicos. Uma filosofia de pretensão racionalista deve ser contemporânea. Esse é o motivo pelo qual Bachelard se situa, em relação às outras filosofias, por uma série de decalagens que remetem ao intervalo que cada uma delas mantém em relação à ciência de seu tempo e da ciência atual. Forma-se, desse modo, um *espectro* dos diversos racionalismos, em que o idealismo

---

89. G. Bachelard, *La Philosophie du non*, op. cit., p. 39. A sequência da citação merece ser mostrada: "Em suma, a arte poética da física se faz com números, com grupos, com spins, excluindo as distribuições monótonas, os quanta repetidos, sem que nada que funcione jamais seja freado."

e o realismo formam as margens extremas. Esse espectro estende-se a partir da conexão de dois ângulos da atividade racionalista da ciência que estão situados bem próximos de seu núcleo, a saber, o racionalismo aplicado e o materialismo racional. Em seguida, esse esquema complica-se devido à diversidade dos campos científicos e de seu grau distinto de avanço. É o método da *análise espectral* que permite dominar a complexidade dessas múltiplas relações de *contemporaneidade relativa*.

Em primeiro lugar, o espectro do racionalismo se difrata segundo a variedade das "regiões", isto é, das conexões específicas entre um horizonte teórico e um horizonte experimental. Essa variedade dos racionalismos regionais nem por isso induz à multiplicidade dos métodos epistemológicos, pois os racionalismos são coordenados: sua coerência é *trans*-histórica (segundo a dinâmica do espírito científico) e *trans*racionalista, em tensão com a circulação enciclopédica dos conceitos entre as regiões. A coerência dinâmica do racionalismo significa que as recorrências observadas na história das ciências também operam na filosofia, pelo menos na filosofia do *não*. Esse "não" marca a operação da recorrência conceitual segundo o paradigma das geometrias *não* euclidianas: elas ultrapassam, generalizam e refundam (*relativizam*) a geometria euclidiana, até então tida como absoluta.

O alcance de tal processo recorrente em relação à filosofia é inicialmente negativo: a ontologia é submetida a uma *dessubstancialização*, isto é, à crítica dos conceitos substancialistas. Mas esse processo não resulta numa "desrealização", num desaparecimento da visada ontológica, pois o inverso positivo desse processo é a *relativação*, uma operação identificável no decorrer da evolução das teorias físicas na direção da relatividade: as noções absolutas são dissolvidas dentro de sistemas de *relações*

que assumem em seu lugar a carga ontológica. Uma releitura recorrente de Bachelard a partir de Simondon esclarece o apelo do primeiro em favor de uma reconstrução metafísica, como um convite para elaborar um "realismo da relação". A Relatividade filosófica atinge então uma reorganização ontológica, e não um abandono definitivo do realismo. Não se visa mais à realidade por meio das categorias realistas espontâneas, mas em função de conceitos científicos, relativizados, distribuídos, cuja estrutura matemática transforma nossa compreensão do mundo.[90]
Precisemos então o estatuto desses conceitos, assim como as operações da filosofia. O ponto essencial é que a filosofia, para elaborar ou avaliar seus conceitos, não dispõe de nenhum outro critério que não seja o valor operatório que eles adquirem num campo científico particular num dado momento. Nem por isso seu campo de investigação e de aplicação se limita a nenhum dentre eles, nem a uma época. Todas as disciplinas científicas são definidas por sua referência a um objeto específico e se reduzem à análise das relações que este mantém com todos os outros objetos dessa "região". Nesse sentido, as disciplinas científicas são *analíticas*: elas são modos específicos de análise racional das relações que constituem o real.

Se a filosofia não dispõe de um horizonte específico, é justamente por não ser uma disciplina analítica, mas *analógica*, isto é, ela toma emprestados seus objetos e suas operações das outras disciplinas. Ela tem vocação

---

90. Marie-Antoinette Tonnelat explicita judiciosamente a análise bachelardiana da relatividade: "A relativação, processo especificamente relativista, consiste não em renunciar ao particular pelo geral, mas, precisamente, em reagrupar as noções que a referência havia dispersado. Ela exige o reconhecimento de uma estrutura invariante intrínseca ou, dito de outra forma, de uma 'realidade objetiva'." M.-A. Tonnelat, *Histoire du principe de relativité*, Paris, Flammarion, 1971.

para operar o que nenhuma delas está à altura de fazer: não uma generalização ilusória, mas a circulação do valor operatório de uma noção entre os horizontes. Somente uma atividade filosófica faz circular os conceitos por analogia e ao mesmo tempo controla o valor operatório. Essa atividade não entra no quadro de nenhuma ciência particular; entretanto, ela é, se pensarmos bem, essencial ao progresso: inúmeras são as descobertas que não resultam nem de uma dedução, nem de uma indução (no sentido ordinário), mas da transferência de relações conceituais entre regiões separadas. De modo que, se o progresso da ciência determina o progresso eventual da filosofia, é uma operação propriamente filosófica que contribui de maneira decisiva para o progresso da ciência.

A *análise espectral* designa o método de elaboração de uma noção filosófica cujo valor operatório é avaliado e distribuído segundo suas interferências conceituais com diversas "regiões". *L'Activité rationaliste de la physique contemporaine* indica, a propósito da compreensão da noção quântica "spin", que

> essa noção seria muito apropriada para determinar uma análise espectral das filosofias do conhecimento. Veríamos uma divergência entre os realistas e os racionalistas, os experimentais e os teóricos. Em seguida, rapidamente nos daríamos conta de que o debate não é apenas o dos infrarrealistas e dos ultramatemáticos, mas que um verdadeiro diálogo central mostra a ação da dupla evidência das técnicas finas e dos esquemas apropriados.[91]

---

91. G. Bachelard, *L'Activité rationaliste de la physique contemporaine*, op. cit., p. 163.

Como em seu diagrama, Bachelard assinala aqui os limites extremos pouco pertinentes, assim como a necessidade da conexão das filosofias polarizadas mais precisas. No entanto, por outro lado, existe uma dimensão histórica que não aparece explicitamente nesses diagramas. A análise espectral também deve poder medir a evolução de uma noção filosófica por meio das transformações históricas dos conceitos científicos. Bachelard dedica-se a uma análise desse tipo, em *A filosofia do não*[92], com o diagrama mostrado na figura 1, que avalia o peso conceitual relativo das concepções sucessivas da noção de massa:

Realismo ingênuo	Empirismo claro e positivista	Racionalismo clássico da mecânica racional	Racionalismo completo (relatividade)	Racionalismo discursivo
1	2	3	4	5

Figura 1. Perfil epistemológico de nossa noção pessoal de massa

Ele chama de "perfil epistemológico" a análise espectral que põe "em evidência sua importância relativa, colocando na abscissa as filosofias sucessivas, e nas ordenadas um valor que — se pudesse ser exato — mediria a frequência de uso efetivo da noção, a importância relativa de nossas convicções".[93] É preciso tomar cuidado

---
92. G. Bachelard, *La Philosophie du non*, op. cit., p. 43.
93. Ibidem.

para não confundir esse diagrama com os histogramas que resultariam de uma pesquisa bibliométrica sobre um *corpus* em que se enumerariam as ocorrências de certos termos. A pesquisa não se debruça sobre a frequência de palavras nos livros, mas sobre o peso relativo dos conceitos num espírito. A imprecisão sustentada por Bachelard a respeito da "medida bastante grosseira" que ele propõe (notamos a ausência de qualquer graduação) é perfeitamente calculada. Um perfil epistemológico "deve ser sempre relativo a um conceito designado e só vale para um espírito particular, que se examina num estágio particular de sua cultura".[94] Bachelard também aplica esse método à noção de energia, obtendo um perfil bem diferente. Ele assinala que os perfis de uma mesma noção diferem sensivelmente de uma filosofia para outra, fornecendo com isso um método para apreciar a originalidade de cada pensador:

> O perfil epistemológico da noção de energia em Nietzsche, por exemplo, talvez bastasse para explicar seu irracionalismo. Com uma falsa noção, podemos fazer uma grande doutrina.[95]

Manipulando tanto a variação histórica quanto a variação analógica, a análise espectral constitui um método de investigação que talvez permita situar cada doutrina no espaço das posições filosóficas possíveis:

> Somente depois de ter recolhido o álbum dos perfis epistemológicos de todas as noções de base poderíamos verdadeiramente estudar a eficácia relativa das diversas filosofias. [...] Sugerimos então, de bom grado, uma

---

94. Ibidem.
95. Ibidem, p. 47.

análise filosófica espectral que determinaria com precisão como as diversas filosofias reagem no nível de um conhecimento objetivo particular.[96]

Assim como o método *não* cartesiano é a epistemologia advinda das ciências contemporâneas das quais a filosofia pode tirar proveito, a análise espectral corresponde a operações filosóficas que os cientistas executam quando reavaliam a pertinência de um conceito herdado do passado, ou quando examinam a fecundidade heurística de uma equação estranha ao seu campo, procedendo a analogias formais. Os perfis epistemológicos e a análise espectral em geral fazem parte das operações do campo científico. Entretanto, trata-se de uma atividade propriamente filosófica e não se pode limitar seu campo de ação à filosofia das ciências.

É o que prova a enumeração das metáforas de animais presentes em *Os cantos de Maldoror*, que Bachelard pondera em virtude de seu valor dinâmico de metamorfose:

> Uma rápida estatística oferece, entre os 185 animais do bestiário ducassiano, os primeiros lugares ao cão, ao cavalo, ao caranguejo, à aranha, ao sapo. Rapidamente vimos que uma estatística de certo modo formal esclarecia muito pouco o problema de Lautréamont, e que ela corria o risco de colocar mal a questão. De fato, limitar-se a notar as formas animais numa exata contabilidade de sua aparição é esquecer o essencial do complexo ducassiano, é esquecer a dinâmica dessa produção vital. Seria preciso então, para ser psicologicamente exato, restituir o valor dinâmico, o *peso algébrico* que medisse a ação vital dos diversos animais. Não há outro meio de viver *Os cantos de Maldoror*. Olhar

---

96. Ibidem.

viver não bastava. Então lealmente nos esforçamos para sentir a intensidade dos atos ducassianos. E foi depois de adicionar um coeficiente dinâmico que refizemos nossa estatística.[97]

Agora que seu projeto filosófico parecia inteiramente comandado por sua orientação racionalista, e pelo domínio, em toda parte, da exigência de contemporaneidade epistemológica com as ciências, eis que Bachelard se aventura num novo campo de investigação, do outro lado da linguagem, o da poesia e do sonho, o da noite...

---

97. G. Bachelard, *Lautréamont*, Paris, José Corti, p. 27.

III
No ritmo das noites

Numa sessão memorável da Sociedade Francesa de Filosofia (25 de março de 1950), Bachelard distinguiu entre a parte *diurna* de sua obra, dedicada à consciência desperta do pesquisador, e a parte *noturna*, dedicada à imaginação poética. Essa divisão ressaltava a incompletude de cada parte do ponto de vista de uma antropologia filosófica total a ser colocada sob o signo do ritmo circadiano:

> [...] se for preciso ser completo, gostaria de discutir um tema que não é o de hoje, tema que chamarei de "o homem das vinte e quatro horas". [...] O que deveríamos discutir, então, diante dessa totalidade humana? Deveríamos discutir primeiramente o homem da noite. [...] Pois à noite não somos racionalistas, não dormimos com equações na cabeça.[1]

A partir do momento em que Jean Hyppolite[2] levantou "essa questão última, a da relação dos dois temas da filosofia de G. Bachelard, o da epistemologia da teoria

---

1. G. Bachelard, *L'Engagement rationaliste*, op. cit., p. 47.
2. Jean Hyppolite (1907-1968), filósofo francês, professor do Collège de France.

física contemporânea e o da imaginação dos elementos"³, muitas hipóteses foram propostas. Reteremos aqui duas: a de François Dagognet⁴, de um "verdadeiro paralelismo categorial e sistemático entre os textos epistemológicos e as obras da Poética"⁵; e outra de Jean Starobinski⁶, "de um *bilinguismo* radical, [...] duas línguas com mais forte razão exclusivas entre si, dado que são constituídas não somente, cada uma, por um sistema de significantes específico, mas que visam outra ordem de significados, segundo outro modo de significação".⁷

"O dia e a noite" é uma expressão que se entende *metaforicamente* como a oposição radical de uma coisa e de seu contrário, mas que designa *cientificamente* a alternância de fases complementares da rotação terrestre. Dito de outra forma, ela conjuga em si mesma a interpretação poética e a significação objetiva, e sugere uma "dupla leitura". Metaforicamente, a noite compreende essas horas escuras que escapam à consciência racional, uma substância obscura.⁸ Se, ao contrário, a referimos à rotação do planeta, ela não é mais que uma fase do ritmo universal da consciência, na qual dominam tanto o espírito científico, fortemente socializado, quanto o devaneio solitário; é preciso medir seu contraste para extrair novas variáveis do dinamismo do espírito. Assim se fixam as relações entre as *funções de realidade* usadas no

---

3. J. Hyppolite, "Gaston Bachelard ou le romantisme de l'intelligence", *Revue Philosophique de la France et de l'Étranger*, n. 1-3, p. 95, 1954.
4. François Dagognet (nascido em 1924 [e falecido em 2015]), filósofo das ciências francês.
5. F. Dagognet, "Nouveau Regard sur la philosophie bachelardienne", in: J. Gayon e J.-J. Wunenburger (Orgs.), *Bachelard dans le monde*, Paris, PUF, 2000, p. 12.
6. Jean Starobinski (nascido em 1920), teórico da literatura suíço.
7. J. Starobinski, "La Double légitimité", *Revue Internationale de Philosophie*, n. 150, p. 236, 1984.
8. G. Bachelard, *L'Air et les songes*, op. cit., p. 209: "É o *tempo da noite.*"

raciocínio científico e as *funções de irrealidade* da imaginação que vivifica a criação poética.⁹ A obra noturna trata da "imagem" que "pode adquirir sucessivamente o estatuto de uma representação mental não verbal, ou aquele de uma transcrição fiel da experiência psíquica na qual a função irrealizante tomou o controle, ou, enfim, aquela da imagem-tropo na qual a iniciativa é confiada à linguagem".¹⁰ Em 1937, *A psicanálise do fogo* abordava as metáforas como obstáculos.¹¹ Esse conflito entre o inconsciente e a razão mostrava a evolução de uma relação *diferencial* entre a ciência em progresso e a cultura literária em contato com as origens. Nesse estágio, o estudo da imagem só visava a esclarecer as condições do conhecimento. Na sequência, Bachelard não cessará de querer corrigir essa primeira apresentação:

> Antigamente li muito, mas li muito mal. Li para instruir-me, li para conhecer, li para acumular ideias e fatos; depois, um dia, reconheci que as imagens literárias tinham vida própria, que as imagens literárias se juntavam numa vida autônoma. Desde essa época, compreendi que os grandes livros mereciam uma dupla leitura, que era preciso voltar a lê-los um a um, com um espírito claro e uma imaginação sensível. Somente uma dupla leitura nos dá a completude dos valores estéticos que vivem no centro de nosso inconsciente e os valores da expressão exuberante da rica linguagem poética.¹²

---

9. Ibidem, p. 14: "Um ser privado da *função do irreal* é um neurótico, da mesma forma que o ser privado da *função do real*."
10. J. Starobinski, op. cit., p. 238.
11. Por esse motivo, certos intérpretes consideram que essa obra faz parte da obra diurna. Apesar disso, olhando com cuidado, somente um capítulo ("A química do fogo: história de um falso problema") trata da equivalência da imagem e do obstáculo epistemológico.
12. "A poesia e os elementos materiais", 20 de dezembro de 1952.

Essa conversão[13] à poesia intervém em *Lautréamont* (1940), em que Bachelard interpreta as metáforas do poeta epônimo em função de "complexos" (que, aliás, não têm nenhuma relação com os elementos). Durante a Ocupação, privado do contato com a ciência viva, ele se volta para a esfera íntima e desenvolve um novo método de trabalho: renunciando a estudar a obra de um poeta em particular, dedica-se ao estudo de expressões poéticas selecionadas fora de qualquer hierarquização. Será criticado por esse "pontilhismo"[14], mas seu procedimento reagrupa as imagens segundo sua pertinência a um "elemento". Simulando uma continuidade com *A psicanálise do fogo*, dá início ao ciclo da imaginação material: *A água e os sonhos* (1942), depois *O ar e os sonhos* (1943) e por fim *A terra e os devaneios da vontade* e *A terra e os devaneios do repouso* (publicados em 1948). Sob sua aparência sistemática, trata-se de um empreendimento perpetuamente renovador. A imagem torna-se aí um objeto autônomo,

---

13. Para dizer a verdade, não se trata tanto de uma conversão, mas de uma confissão, pois ele apreciava a poesia desde sua juventude. Ele declarou ficar aliviado por poder retomar a leitura de poesia no final da Primeira Guerra Mundial.

14. R. Aron, *Notice sur la vie et les travaux de Gaston Bachelard*, Paris, Imprimerie de l'Institut de France, 1965, pp. 19-20: "Eu teria gostado de comparar aos métodos ditos estruturalistas seu método, de algum modo pontilhista, que se prende a um verso, a uma imagem, a um fragmento destacado do conjunto." Bachelard respondeu, com sua modéstia habitual, a um jornalista que lhe perguntava por que ele não reeditava os estudos sistemáticos que havia feito sobre Lautréamont ou Poe: "Eu compreendo muito bem que seria preciso estudá-los ainda mais, porém aí você me pede demais... Não sei... Não estou habilitado para fazer essa pesquisa. Pelo contrário, gostaria de dedicar todas as forças que me restaram para continuar o que fiz. O poema que não teria exatamente unidade, mas que teria dez belas imagens, bem, isso me diz algo. Você vê: meu papel é bem modesto, e não me tenho como um professor de literatura" (citado em M. Milner, "L'Influence de Bachelard sur la critique littéraire en France", *Cahiers Gaston Bachelard*, n. 10, 2008).

exigindo uma inovação constante do método psicanalítico. Esse processo de reformulação do método em contato com o objeto resulta, em *A poética do espaço* (1957), numa rejeição da psicanálise em proveito da "fenomenologia" que, longe de ser a disciplina elaborada por Husserl, vale aqui como engajamento para estudar as imagens por si próprias:

> Sem nos preocuparmos com os "complexos" do poeta, sem bisbilhotar na história de sua vida, estávamos livres, sistematicamente livres, para passar de um poeta a outro, de um grande poeta a um poeta menor, pelo evento da simples imagem que revelava seu valor poético pela própria riqueza de suas variações.[15]

A poética do devaneio (1960), tida como um prolongamento dessa orientação, acentua as referências à psicanálise junguiana. Para terminar, o "devaneio" torna-se o próprio método: *A chama de uma vela* (1961) marca uma progressão para uma pesquisa meditativa, refinada. Inacabado, o escrito póstumo publicado sob o título de *Les Fragments d'une poétique du feu* [*Fragmentos de uma poética do fogo*] (1988) retorna sobre certos "complexos" do fogo, afastando-se, paradoxalmente, da psicanálise.

Mostrando continuamente orientações diferentes, os textos noturnos possuem uma unidade de objeto: eles analisam imagens (e nenhum trata verdadeiramente de problemas científicos).[16] Mas eles têm também uma

---

15. G. Bachelard, *La Poétique de la rêverie*, Paris, PUF, 1974, p. 3. [Ed. bras.: *A poética do devaneio*, trad. Antônio de Pádua Danesi, São Paulo, Martins Fontes, 1988.]
16. Encontramos, por vezes, análises similares a *A psicanálise do fogo*; por exemplo, *L'Eau et les rêves*, op. cit., p. 189. [Ed. bras.: *A água e os sonhos*, trad. Antônio de Pádua Danesi, São Paulo, Martins Fontes, 1989.]

unidade *operatória*: apesar de suas metamorfoses, eles se apoiam sobre *invariantes*.

O primeiro consiste numa caracterização da originalidade dos artistas a partir de suas "imagens elementares". Isso é flagrante no estudo dos elementos, mas vale também para as investigações "fenomenológicas". Se estas se afastam dos elementos alquímicos (fogo, água, ar, terra), tendem sempre a estabelecer o valor "substancial" das imagens. Elas promovem uma ampliação da noção de imagem elementar, que é um aprofundamento. É mais prudente seguir esse movimento que cindir a obra noturna entre um período psicanalítico e um período fenomenológico. Se Bachelard adota a fenomenologia, é para evitar que se busque a profundidade *aquém* da imagem. Ora, desde *A água e os sonhos*, o quadro redutor da psicanálise era criticado, pois, ao referir a imagem ao complexo, a psicanálise perde a profundidade da imagem.[17] Mudando de referência metodológica, Bachelard não muda de método: ele troca a indicação de um *intervalo* pela de outro.

O segundo traço característico deve-se à reconversão poética dos *operadores*. Um leitor que só conseguisse detectar a ação subjacente de tão rigorosa organização conceitual nos trabalhos epistemológicos correria o risco de atravessar a noite como um sonâmbulo. Entretanto, o dinamismo da imaginação não é o mesmo que o da razão. É preciso adaptar os "operadores" à sutil fluência das imagens para apreender esse dinamismo. Certos operadores conservam uma formulação análoga como, por exemplo, a *indução*:

---

17. "É ao manter-se muito tempo na superfície irisada que compreendemos o preço da profundidade. Tentaremos então determinar alguns princípios de coesão que unificam as imagens superficiais." G. Bachelard, *L'Eau et les rêves*, op. cit., p. 16.

Raras são as críticas que tentam um novo estilo submetendo-se à sua indução. De fato, imagino que do autor ao leitor deveria ocorrer uma indução verbal que possui muitas das características da indução eletromagnética entre dois circuitos. Um livro seria então um aparelho de indução psíquica que deveria provocar no leitor tentações de expressão original.[18]

A leitura *induz* a devaneios. Essa indução ocorre segundo operadores poéticos. Podemos chamá-los de inversos em relação aos operadores da ciência, na medida em que sua função é o inverso da racionalização da língua. Por analogia com uma noção matemática, um operador poético assinala a coerência das imagens, mas também, ao mesmo tempo, a distância que separa essa coerência da organização objetiva dos fenômenos. A justeza da intuição poética não depende de sua adequação à realidade objetiva, mas da autenticidade da emoção que ela faz nascer. O "valor de ser" das imagens está ancorado na esfera da intimidade.

A terceira linha de força deve-se ao recurso às "experiências íntimas"[19] para esclarecer essas induções literárias. Na epistemologia não há nenhuma anedota pessoal, nem lembranças de infância. Na linha oposta, os livros noturnos têm a intimidade por objeto, e a sinceridade de sua meditação leva Bachelard a se expressar na primeira pessoa do singular. O "eu" predomina sobre o "nós". As experiências íntimas primam sobre a experimentação científica impessoal. Nem por isso a escrita se lança a uma efusão narcísica. Mas a afetividade aí se deixa adivinhar nas entrelinhas de uma frase imagética. Estudaremos duas imagens que podem ser encontradas em quase

---
18. G. Bachelard, *Le Droit de rêver*, op. cit., p. 181.
19. G. Bachelard, *La Psychanalyse du feu*, op. cit., p. 17.

todos os livros noturnos. Elas expressam duas dinâmicas preferenciais, uma ligada ao recolhimento, outra à embriaguez: são as imagens da *casa* e da *vinha*. Bachelard lançou mão de vários métodos para esclarecer as imagens: teoria dos grupos, psicanálise, fenomenologia e mesmo alguns outros nos meandros de uma microanálise. Aquela de que trataremos, para terminar, é a *ritmanálise*. Ela designa a arte de alternar as atividades do espírito segundo os ritmos da existência que se consolidam em certas frequências e que dão assim o sentimento de viver diferentes durações. Essa será a ocasião de estabelecer o estatuto dos livros sobre o tempo, *A intuição do instante* (1932) e *A dialética da duração* (1936), que se situam na junção do dia e da noite. Encontramos aí o esboço de uma metafísica das escalas de tempos, mas também uma experiência do tempo enquanto dimensão existencial na qual se desdobra "a felicidade de meditar, para tomar consciência de que a meditação é um ato, o ato filosófico".[20]

As imagens elementares

Certas imagens liberam a substância do mundo: são ditas *elementares*. Elas o são em três sentidos: enquanto *primitivas*; enquanto tiram sua substância de um elemento *material*; por fim, por serem o elemento no qual evolui a consciência do sonhador e do qual ele desposa o *movimento*. Elas são insistentes, tão profundas e universais que parecem pertencer tanto ao mundo natural quanto à natureza humana. Têm um valor incalculável para o conhecimento da psique, pois revelam suas valorizações inconscientes; para Bachelard, a poesia constitui

---

20. G. Bachelard, *Le Droit de rêver*, op. cit. p. 234.

uma autopsicanálise, pois ajuda o espírito a domar sua energia, a canalizá-la e a refiná-la.

As imagens elementares são primitivas. Não que sejam antigas ou ingênuas, mas o "poeta, na novidade de suas imagens, é sempre origem da linguagem".[21] Um verdadeiro poeta retorna às fontes vivas da imagem e libera as energias primordiais na língua. O que Bachelard mais apreciou no surrealismo foi essa formidável liberação de energia:

> Um verdadeiro surrealismo que aceita a imagem em todas as suas funções, tanto em seu impulso profundo quanto em sua atitude espontânea, se duplica necessariamente por meio de um *surenergetismo*. O surrealismo — ou a imaginação em ato — conduz à imagem nova em virtude de um impulso de renovação. Mas, numa recorrência às primitividades da linguagem, o surrealismo dá a toda imagem nova uma energia psíquica insigne.[22]

Esse surenergetismo está em acordo com a definição da imagem dada por André Breton[23]:

> Foi da aproximação de alguma forma fortuita dos dois termos que jorrou uma luz particular, *luz da imagem*, à qual nós nos mostramos infinitamente sensíveis.[24]

---

21. G. Bachelard, *La Poétique de l'espace*, op. cit., p. 4.
22. G. Bachelard, *La Terre et les rêveries de la volonté*, Paris, José Corti, 1988, p. 71. [Ed. bras.: *A Terra e os devaneios da vontade*, trad. Paulo Neves da Silva, São Paulo, Martins Fontes, 1991.]
23. André Breton (1896-1966), escritor francês, cabeça do movimento surrealista.
24. A. Breton, "Le Manifeste du Surréalisme", in: *Œuvres complètes*, Paris, Gallimard, 1988, p. 337.

A tensão entre os elementos unidos pela imagem poética produz uma descarga de energia psíquica análoga àquela que jorra entre os polos de um arco elétrico, ela dinamiza nosso espírito:

> A centelha em Éluard é uma propaganda da liberdade.[25]

A concepção bachelardiana fica ainda mais próxima da definição de Pierre Reverdy[26] (em quem Breton se inspirava):

> A imaginação é uma criação pura do espírito. Ela não pode nascer de uma comparação, mas da aproximação de duas realidades mais ou menos afastadas. Quanto mais as relações das duas realidades são longínquas e justas, mais a imagem será forte, mais ela terá potência emotiva e realidade poética...[27]

Reverdy insiste sobre a *justeza* das relações como condição da surrealidade:

> O que chamamos de realidade na arte é um conjunto de relações cuja justeza nos oferece uma imagem mais viva e capaz de provocar uma emoção mais intensa e, sobretudo, mais constante que a verdade. Pela aproximação das coisas e de suas relações mais longínquas, sendo na aparência até mesmo inexistentes, chega-se à surrealidade.[28]

---

25. G. Bachelard, *Le Droit de rêver*, op. cit., p. 169.
26. Pierre Reverdy (1889-1960), poeta francês.
27. P. Reverdy, *Journal de mon bord*, Paris, Gallimard, 1989, p. 153.
28. Ibidem, p. 112.

As "boas" imagens são aquelas que revelam ressonâncias secretas. A esse título, pouco importa que Bachelard cite "grandes" poetas ou então seus amigos (Gaston Roupnel, Louis Guillaume, etc.). Não se trata de citar certa pessoa por espírito de distinção, mas de saborear a beleza de uma imagem, pouco importando de onde ela venha. Como um verdadeiro apreciador, Bachelard celebra um verso a partir do momento em que este se afasta da linguagem ordinária e possibilita a fruição de intuições mais justas, novas e surpreendentes. A contrario, há imagens desgastadas, convencionais, sem criatividade[29], que só podem satisfazer a um professor de retórica: elas são puramente culturais, vazias, sem substância.

As imagens primitivas enraízam-se numa intuição *material*. Por isso Bachelard se interessa tanto pelos elementos alquímicos — e não por ter levado a sério as doutrinas herméticas, os ritos mortuários, a química aristotélica ou os temperamentos hipocráticos[30], mas porque a sistematicidade dos quatro elementos lhe fornece um plano cômodo para expor diferentes maneiras *figuradas* de viver as emoções:

> A alegria *terrena* é riqueza e gravidade — a felicidade *aquática* é langor e repouso — a felicidade *ígnea* é amor e desejo — a felicidade aérea é liberdade.[31]

Para ele, "a matéria é o inconsciente da forma"[32], tanto que, ao se fiar às associações sugeridas por um elemento, ele organiza as imagens em *séries*:

---

29. "De fato, ninfas e nereidas, dríades e hamadríades são apenas imagens sem criatividade." G. Bachelard, *L'Eau et les rêves*, op. cit., p. 48.
30. Prova disso é a desconstrução que ele opera em *Le Matérialisme rationnel*, op. cit., pp. 43-50.
31. G. Bachelard, *L'Air et les songes*, op. cit., p. 156.
32. G. Bachelard, *L'Eau et les rêves*, op. cit., p. 70.

A partir do momento em que as imagens se oferecem em série, designam uma matéria primeira, um elemento fundamental [...], cada elemento é figurado em seu dinamismo especial; ele é uma cabeça de série que provoca um tipo de filiação para as imagens que o ilustram.[33]

Essa busca da substância subjacente ao desdobramento das imagens completa-se ao inverso da *dessubstancialização* à qual a análise epistemológica procede. A consciência desperta, cada vez mais clara, dissolve as imagens que a atravancam, enquanto a imagem poética ressoa até o estrato inconsciente. Os progressos da razão não podem lançar para fora do espírito humano a magia dos elementos como se fosse uma ilusão ingênua, pois ela está na raiz da atividade que imagina o mundo. Há um inextirpável *realismo* da imaginação, o realismo espontâneo do espírito que deseja possuir o mundo em sonho, até em suas substâncias. Essa relação de conivência com as substâncias estabelece uma correspondência entre o homem e o cosmos que é preciso admitir no plano da imaginação, e não do conhecimento. As afinidades eletivas de um psiquismo com um elemento atestam uma especificidade do inconsciente:

> Para bem dormir, é preciso encontrar o elemento de base do inconsciente. Mais exatamente, precisamos dormir em *nosso* elemento.[34]

O elemento é também uma *dinâmica*: é encontrando seu tropismo fundamental que o sonhador está em seu elemento.

---

33. G. Bachelard, *L'Air et les songes*, op. cit., p. 15.
34. Ibidem, p. 47.

O elemento é ao mesmo tempo uma energia, uma substância e um movimento; ele fornece um critério para operar a análise espectral dos temperamentos dos artistas: Hölderlin, Nietzsche e Novalis[35] são poetas do fogo. Nietzsche tem a impetuosidade *animus* do braseiro e Novalis, a doçura *anima* do calor maternal. Edgar Poe, Paul Claudel, D'Annunzio e Claude Monet[36] são artistas ligados à imagem da água. Shelley, Rilke ou Chagall[37] se encontram sob o signo do ar, assim como Nietzsche, naquilo que concerne às correntes ascendentes. Hugo, Goethe e Henri de Régnier[38] são poetas poderosamente terrestres. Longe de reduzir o valor desses gênios, a psicanálise dos elementos da imaginação poética encontra em sua dependência em relação às imagens primitivas, ligadas a um elemento particular, o sinal de sua profundeza inesgotável: um poeta pode variar ao infinito suas imagens sem perder sua unidade e sua originalidade, na medida em que se reabasteça dentro de seu elemento.

Na visão de Bachelard, a poesia hídrica é principalmente a da água doce: ele confessa não conhecer bem o oceano. O poeta que se entrega de coração inteiro à água conhece o mais ambivalente dos amores. Ela pode tanto ser o princípio vital da fonte da juventude quanto ter o sabor de morte das águas do Estige.[39] A água é a imagem

---

35. Friedrich Hölderlin (1770-1843), poeta alemão; Georg Philipp Friedrich von Hardenberg, dito Novalis (1772-1801), escritor alemão.
36. Edgar Allan Poe (1809-1849), escritor americano; Paul Claudel (1868--1955), escritor e diplomata francês; Gabriele D'Annunzio (1863-1938), escritor italiano, figura proeminente do Decadentismo; Claude Monet (1840-1926), pintor francês, líder do Impressionismo.
37. Percy Bysshe Shelley (1792-1822), poeta britânico; Rainer Maria Rilke (1875-1926), poeta austríaco; Moïshe Zakharovitch Chagalov, dito Marc Chagall (1887-1985), pintor russo, naturalizado francês.
38. Johann Wolfgang von Goethe (1749-1832), escritor e político alemão; Henri-François-Joseph de Régnier (1864-1936), escritor francês.
39. Na mitologia grega, o rio Estige (Styx) cerca o inferno e o separa do mundo terrestre. O mito é retomado por Dante em *A divina comédia*, que faz dele o quinto círculo do inferno. Nele ficavam imersos

pura da fluidez inocente e a primeira imagem da profundidade perigosa, em que só se pode naufragar. Ela é mais insondável que os abismos da terra e se torna assustadora quando se torna pesada e negra em Poe ou em Rimbaud. A contemplação dos lagos conduz naturalmente à melancolia e a água estagnada é a figura de um cosmos noturno: "água dormente" era uma das expressões preferidas de Bachelard. A água lustral simboliza o retorno benéfico ao seio materno nos mitos de purificação. A água também é a imagem alquímica dominante. Ela circula em nós, fora de nós; ela faz comunicar a consciência e o inconsciente.

O espetáculo do fogo engendra uma poesia exuberante. O devaneio diante da lareira atenta à escuta da lenha que arde, desperta diante da dança das chamas e encontra na imagem do fogo uma fonte inesgotável de metáforas: haverá melhor maneira de excitar seu amor do que "atiçar o fogo"? Tudo o que brilha e que se excita dá testemunho das metamorfoses do fogo. Inspirando-se na chama, a imaginação não mais se contenta com um quadro, mas exige uma figura de destino: o fogo nasce, ama e morre. Há uma vertigem do fogo, uma tentação incendiária ou suicida. Ele é a mais forte imagem da aniquilação. Para alguns, o universo inteiro deveria se consumir, e seu fogo só pode crescer: sua fornalha se torna um sol. O domínio do fogo remete a uma incrível vontade de potência. São inúmeros os mitos sobre sua invenção.[40] Sua imagem tem uma vitalidade que a faz reaparecer em todas as circunstâncias, e, tal como a Fênix, nunca é uma imagem desgastada. Há também uma dialética do fogo masculino e do calor feminino.

---

os acusados de ira, inveja e soberba, debatendo-se numa tortura infinita. [N.T.]

40. Bachelard foi atento ao livro *Les Mythes sur l'origine du feu* [*Os mitos sobre a origem do fogo*], de James George Frazer (Paris, Payot, 1930).

A virilidade do fogo parece dominante, mas, no fundo da consciência, o calor obscuro e difuso da mulher é mais fundamental. Os complexos flamejantes se abandonam à sua doçura entorpecida. Se num aspecto o ar parece não ter substância, em outro é animado por um dinamismo irrefreável. O psiquismo aéreo é vertical. Ele ama a leveza e é o calcanhar alado que basta para, nos sonhos, nos lançar aos ares. Ele faz apelo ao vento, que porta ou carrega nossos gestos e palavras. O elemento aéreo não é de modo algum evasivo, pois materializa forças ainda mais assustadoras, por serem invisíveis. Sua natureza o aparenta ao sopro de vida que sai de nossos pulmões. Mesclam-se às imagens do ar as dos odores e das alterações do sopro. O ar é uma imagem que se excede sem cessar: a brisa se transforma em tornado para atingir a imagem da potência. O ar leva as forças que nos ultrapassam e sobre as quais não temos nenhum poder à participação de um drama cósmico. Ele fornece símbolos muito variados. O furacão é pura violência. O céu é calmo e suave, povoado pelos sonhos de voo sem asas que libera do peso terrestre — esse sonho de liberdade não tem ornatos emplumados e é de uma grande pureza. A imagem da revoada inspira imagens literárias admirativas.

O elemento terrestre, ao contrário, é pura substância. Ele parece inerte, sem dinâmica própria. São os outros elementos que lhe conferem uma vida imaginária: os vulcões, os rios subterrâneos e o sopro das cavernas animam a Terra. As nuanças da terra são ricas das belezas da matéria: o cristal é o elemento terrestre penetrado pela luz, enquanto o metal é fechado e redundante. O "terroso" não é um qualificativo neutro, mas um valor, e designa a matéria morta que o alquimista rejeita depois de tê-la exaurido em sua retorta. Nesse sentido, a alquimia é mesmo uma grande arte dos valores e não uma falsa ciência da matéria. Assim como Mircea Eliade⁴¹, Bachelard considera que a pedra filosofal não é tanto um meio de enriquecimento, mas uma prova de virtude. Entretanto, a valorização só tem impulso por seu distanciamento diante de um contravalor: para o alquimista, não se deve fazer um metal a menos que se saiba destruí-lo. Mortificam-se então as substâncias para regenerá-las, adicionando nelas um "sal de morte". A vitalidade dos metais e o crescimento das arborescências metálicas são crenças universais que não se apagam tão facilmente.⁴² Um poeta pode renová-la pela alquimia de seu verbo, por menos que se o saiba ler com sinceridade, isto é, por meio de um devaneio sincero.

As imagens elementares não se limitam a esses quatro elementos: Bachelard lamentava não ter estudado suficientemente "a noite" ou "a árvore". Mas, principalmente, um poeta não é explicado apenas por um elemento, nem mesmo por sua combinação ou sua especificação (o rio, a fênix, as nuvens, o cristal, etc.) — o poeta neles desabrocha segundo o "complexo" que determina suas associações de imagens:

> Quando reconhecemos um complexo psicológico, parece que compreendemos melhor, mais sinteticamente, certas obras poéticas. De fato, uma obra poética só pode receber sua unidade de um complexo; se este

---

41. Mircea Eliade (1907-1986), historiador e antropólogo romeno.
42. G. Bachelard, *La Terre et les rêveries de la volonté*, op. cit., p. 274: "Podemos distinguir quatro estados da crença: 1. um psiquismo que crê sem discussão no crescimento dos metais; 2. um psiquismo que talvez creia nisso, mas que já debocha de sua própria crença [...]; 3. uma afirmação metafísica sobre a *vontade* da pedra e dos minerais, como podemos encontrar na filosofia de Schopenhauer [...]; 4. por fim, podemos colocar à parte a certeza tranquila do cientista moderno, que tem doravante a *conduta do inanimado*."

falta, a obra, privada de suas raízes, não mais se comunica com o inconsciente.[43]

O complexo de Prometeu valoriza a transgressão, a *desobediência astuciosa*; o de Empédocles, o fascínio da fogueira; o de Novalis, que identifica o amor a uma chama, o calor maternal. O complexo de Pantagruel é o do comedor de fogo; o de Hoffman, ou complexo do *punch*, é o do homem cujo delírio é induzido pela "água de fogo" (ele também pertence ao elemento hídrico). O complexo de Harpagon[44] permite que se creia que nada se perde daquilo que consumimos (perpetramos) e que todas as matérias preciosas são estocadas em nossos corpos. O complexo de Narciso não corresponde ao narcisismo da psicanálise; ele designa o estado de consciência de quem se identifica à própria contemplação no espelho das ondas e para quem o céu toma consciência de si numa grandiosa imagem. O complexo do cisne confirma as hipóteses sexuais da psicanálise:

> O cisne, na literatura, é um sucedâneo da mulher nua. É a nudez permitida, é a brancura imaculada e, entretanto, ostensiva. Ao menos, os cisnes se deixam ver! Quem adora o cisne deseja a banhista.[45]

Bachelard não se recusa por princípio à psicanálise clássica dos complexos, nem às alusões à sexualidade, mas procura dar provas de infinitas nuanças em relação às diferentes variedades de sublimação e de expressão. A pulsão de morte conjuga-se com a imagem da água de

---

43. G. Bachelard, *La Psychanalyse du feu*, op. cit., p. 42.
44. Harpagon é o personagem que dá título à peça *O avarento*, de Molière, que trata da sovinice exacerbada. Em grego antigo, ἁρπαγή/*harpagé* significa "rapacidade" ou "avidez", e ἅρπαξ/*hárpax* tem o sentido de "ladrão". [N.T.]
45. G. Bachelard, *L'Eau e les rêves*, op. cit., p. 50.

duas maneiras diferentes: o complexo de Caronte[46] só concebe o luto pela ilusão infinita de uma travessia, enquanto no complexo de Ofélia[47] a água se torna um cosmos da morte em que tudo inclina à morbidez. O complexo de Swinburne[48], por sua vez, é masoquista e trata de um nadador que goza com a flagelação de seu corpo pelas ondas. Ele faz par com o complexo sádico de Xerxes[49], o rei persa que mandou chicotear o mar. Este último complexo também se encontra dentro dos elementos aéreo e terrestre.

Nietzsche, por sua vez, é habitado pelo complexo da altura, que o impele sempre para os cimos. Justamente

---

46. Na mitologia grega, Caronte (em grego antigo Χάρων/Khárôn), o barqueiro dos infernos, era filho de Érebo (as Trevas) e de Nyx (a Noite). Sua missão era transportar em seu barco as sombras errantes dos defuntos pelo rio Aqueronte (ou pelo Styx) para o lugar dos mortos, sob a condição de um pagamento, donde o costume antigo de se colocar um óbolo na boca do defunto. [N.T.]

47. Personagem da obra *Hamlet*, de William Shakespeare. Hamlet tem um idílio com Ofélia, mas, depois da morte do pai da moça, ela enlouquece e é encontrada misteriosamente afogada num rio: tudo indica um suicídio. Bachelard, analisando esse complexo, constata que, mesmo ele nada tendo de realista, alguns de seus elementos estão indissociavelmente ligados, no imaginário, ao mito de Ofélia: ela é sempre representada sob a luz da lua, rodeada por flores, sua cabeleira e vestido espalhados em seu entorno, flutuando sobre as águas. Ela está continuamente serena, parecendo mais adormecida que propriamente morta. [N.T.]

48. Algernon Charles Swinburne (1837-1909), poeta inglês que suscitou um escândalo na época vitoriana por suas referências recorrentes ao sadomasoquismo, ao lesbianismo, ao suicídio e aos sentimentos antirreligiosos. Apesar de ser um excelente nadador, quase se afoga no mar revolto da Normandia, mas é salvo por Guy de Maupassant. Seu poema mais famoso talvez seja *Atalanta in Calydon* (1865). [N.T.]

49. Xerxes I, dito o "Grande Rei" persa que, para levar a cabo a segunda invasão da Grécia, equipa uma frota de 1.200 velas, destinada a ocupar o litoral do mar Egeu. Também constrói duas pontes fixadas sobre barcos, conhecidas como Helesponto, que permitiriam ligar a Ásia Menor (na atual Turquia) à Grécia, mas elas são destruídas por uma tempestade. Em sua loucura, dizem, ele manda chicotear o mar por ter destruído as pontes. [N.T.]

quando se poderia pensar que Bachelard recorre a qualquer meio para atingir seus fins, ele recusa a ideia de um complexo de Ícaro, dado que a imagem do homem alado é uma racionalização dos sonhos de voo e que não temos nenhuma necessidade de asas para voar no sonho. Ícaro é uma imagem da cultura e não um complexo autêntico. O ar é um elemento muito pobre em complexos. Isso também é verdade para a terra, que abriga o complexo de Medusa, o terror da petrificação, e o complexo de Atlas, o do homem em luta contra a gravidade, para quem o mundo é um peso sobre suas costas. Esse contraste atesta a riqueza desigual dos elementos e, possivelmente, o esgotamento da inspiração induzida pela psicanálise.

Se Bachelard nunca renunciou aos conceitos de origem psicanalítica (complexo, sublimação, recalque, etc.), seu método tampouco foi psicanalítico no sentido estrito. A psicanálise freudiana* lhe parece elaborada exclusivamente demais em função de psiquismos patológicos, isto é, de psiquismos em que o recalque racionalista e a sublimação poética operam mal.[50] Aos seus olhos, os psicanalistas não dedicam muita atenção às imagens em si e as desnaturam, reduzindo-as a simples símbolos das pulsões sexuais[51], enquanto a "imagem é outra coisa. A imagem tem uma função mais ativa. Provavelmente ela tem um *sentido* na vida inconsciente, e talvez designe instintos

---

50. G. Bachelard, *La Psychanalyse du feu*, op. cit., pp. 169-171: "Pode-se encontrar nas almas, que lutam contra as paixões, uma sublimação de outro tipo, a que chamaremos de *sublimação dialética* para distingui-la da *sublimação contínua* que a psicanálise clássica utiliza unicamente. [...]; pela aplicação dos métodos psicanalíticos na atividade do *conhecimento objetivo*, chegamos à conclusão de que o *recalque* é uma atividade normal, uma atividade útil, ou melhor, uma atividade prazerosa."

51. "Um símbolo psicanalítico, por mais proteiforme que seja, constitui apesar disso um centro fixo e se inclina para o conceito; é, em suma, com muita precisão, um *conceito sexual*." G. Bachelard, *La Terre et les rêveries de la volonté*, op. cit., p. 75.

profundos. Contudo, além disso, ela vive de uma necessidade positiva de imaginar".[52] Para encontrar o complexo sexual, os psicanalistas deixam escapar, por assim dizer, o *duvidoso pelo certo*.[53] Nessas condições, a invocação de uma "fenomenologia da imaginação" — isto é, de um "estudo do fenômeno da imagem poética quando ela emerge na consciência como um produto direto do coração, da alma, do ser do homem apreendido em sua atualidade"[54] — não marca uma verdadeira ruptura metodológica. Principalmente se, "para um filósofo que se inspira na fenomenologia, um devaneio sobre o devaneio é exatamente uma fenomenologia da *anima*".[55] O método não é então nem psicanalítico, nem fenomenológico, nem mesmo um após o outro — ele é "a cooperação da psicanálise e da fenomenologia, cooperação que deve ser sempre enfatizada se quisermos compreender o fenômeno humano".[56] Essa alternância de diferentes tipos de análise constitui uma aplicação da ritmanálise.

Esperando elucidar esse ponto, a obra noturna não se resume a uma coleção de arquétipos, ao "catálogo objetivo dos principais complexos imaginários"[57] e à classificação de flores de retórica num herbário poético.[58] O interesse das análises bachelardianas se encontra em outro lugar:

---

52. Ibidem, p. 76.
53. Em francês: "*lâchent l'ombre pour la proie*" ["deixam a sombra pelo real"]. Essa expressão, usada aqui de maneira invertida, foi celebrizada numa fábula por Jean de la Fontaine ("*lâcher la proie pour l'ombre*") ["deixar o real pela sombra"]. Na fábula, um cão se deixa enganar pela sombra de sua presa — abandonando o animal real — e acaba por perder ambos. [N.T.]
54. G. Bachelard, *La Poétique de l'espace*, op. cit., p. 2.
55. G. Bachelard, *La Poétique de la rêverie*, op. cit., p. 53.
56. G. Bachelard, *La Poétique de l'espace*, op. cit., p. 36.
57. J.-P. Richard, *L'Univers imaginaire de Mallarmé*, Paris, Seuil, 1961, p. 29.
58. G. Bachelard, *Fragments d'une poétique du feu*, op. cit., p. 28: "Frequentemente me acudia ao espírito que eu era um botânico passeando e

O que interessa a Bachelard é essa proliferação autônoma de imagens, na qual ele tentou discernir algumas leis que nos permitam distinguir as imagens autênticas, vivas, daquelas que são inautênticas, mortas [...]. Bachelard repensa as relações sutis entre o poeta e o mundo, observando a vida autônoma das imagens. Estas nem sempre se explicam, ou até mesmo o fazem muito pouco, por associações de movimentos ou associações de matérias (isto é, de emoções substancializadas), que dão nascimento a imagens visuais fantásticas, e que nenhuma observação real, formal, saberia fazer nascer.[59]

Essas *imagens ou ilusões trabalhadas* começam pelo encantamento diante de uma imagem, prosseguem pela contemplação interior em que se mesclam lembranças e sensações, e terminam quando a imagem foi suficientemente sonhada para que a representação reconheça as formas com a sensualidade da mão que acaricia um animal familiar... Essa frequentação íntima não basta para compreender todos os segredos de fabricação de uma obra literária, mas os amantes da leitura nela se reconhecerão:

> Pois lá em cima, no céu, o paraíso não é uma imensa biblioteca?[60]

---

que ao acaso de minhas leituras apanhava as 'flores poéticas'." [Da expressão francesa *fleurs poétiques*, que designa os ornamentos artificiais, afetados, do discurso. (N.T.)]
59. J. A. G. Tans, "La Poétique de l'eau et de la lumière d'après l'œuvre d'Albert Camus", in: *Style et littérature*, Haia, Van Goor Zonen, 1962, pp. 77-78.
60. G. Bachelard, *La Poétique de la rêverie*, op. cit., p. 23.

Os operadores poéticos

Bachelard adorava ler uma página de poesia antes do alvorecer, à luz de uma vela:

A chama, dentre os objetos do mundo que convidam à imaginação, é um dos maiores *operadores de imagens*.[61]

Para dominar a variação sistematicamente livre da imaginação sonhadora, Bachelard recorre então a *operadores*, que não mais funcionam como na epistemologia. Sua formulação supõe analogias científicas, mas continua alusiva, mantida a distância, respeitando o espaço que as separa da imagem para não desnaturalizá-las. Bachelard não força a poesia a moldar-se na forma das ideias, mas põe os conceitos a serviço do desvelamento da dinâmica original da imaginação.

A obra *Lautréamont* elabora um estudo objetivo da poesia com clareza inteiramente matemática. A análise espectral nele recenseia e pondera as metáforas animais que compõem o "complexo da vida" de Isidore Ducasse. Bachelard detecta uma organização subjacente entre essas metáforas, que ele identifica com uma estrutura de *grupo*. Na matemática, um grupo é composto por objetos que se engendram uns a partir dos outros pela mesma transformação. Por analogia, as metáforas da garra, das unhas, da pinça e da ventosa, para além de sua diversidade zoológica, pertencem a um mesmo *grupo*, o da agressividade preênsil:

---

61. G. Bachelard, *La Flamme d'une chandelle*, Paris, PUF, 2005, p. 1. [Ed. bras.: *A chama de uma vela*, trad. Glória Carvalho Lins, Rio de Janeiro, Bertrand Brasil, 1989.]

A deformação das imagens deve então designar, de uma forma estritamente matemática, o grupo das metáforas. A partir do momento em que se determinassem os diversos grupos de metáforas de uma poesia particular, perceber-se-ia que às vezes certas metáforas falham porque foram adicionadas a despeito da coesão do grupo. Naturalmente, almas poéticas sensíveis reagem por si mesmas a essas adições errôneas, sem ter necessidade do aparelho pedante ao qual fazemos alusão. Apesar disso, uma metapoética deverá empreender uma classificação das metáforas e lhe será preciso, cedo ou tarde, adotar o único procedimento essencial de classificação, a determinação dos grupos.[62]

Essas imagens formam um grupo de metáforas agressivas:

Apreendendo o desejar-atacar em sua fisiologia elementar, chegamos à conclusão de que a vontade de lacerar, de unhar, de pinçar, de prender nas garras e nos dedos nervosos é fundamental.[63]

Sua unidade afetiva é mais profunda, poeticamente falando, que a aproximação superficial das metáforas animais segundo a classificação zoológica. Bachelard propõe uma revolução na análise da poesia. Como a descoberta dos geômetras *não* euclidianos lhe serve de paradigma para pensar a recorrência da ciência, outra transformação fundamental da geometria serve de paradigma à formulação dessa nova prática poética: a geometria *projetiva*. Ela está ligada à noção de grupo, pois estuda as propriedades das figuras geométricas, que continuam inalteradas

---

62. G. Bachelard, *Lautréamont*, op. cit., p. 55.
63. Ibidem, p. 37.

por projeção. Ela permite, assim, pôr em evidência invariantes que permaneceriam não formuláveis no quadro da geometria métrica linear:

> É preciso então uma verdadeira coragem para antes fundar a poesia métrica, uma poesia projetiva, assim como foi preciso uma fagulha de gênio para descobrir — tardiamente — sob a geometria métrica a geometria projetiva, que é a realmente essencial, primitiva. O paralelo é completo. O teorema fundamental da *poesia projetiva* é o seguinte: *quais são os elementos de uma forma geométrica que podem ser impunemente deformados numa projeção, deixando subsistir uma coerência geométrica?* Dito de outra forma, *quais são os limites da causalidade formal?*[64]

Essa análise das metáforas e de suas metamorfoses mostra

> que elas não são simples idealizações que partem como rojões para explodir no céu, expondo sua insignificância, mas, ao contrário, as metáforas se demandam e se coordenam mais que as sensações, a ponto de que um espírito poético é pura e simplesmente uma sintaxe das metáforas. Cada poeta deveria então dar lugar a um *diagrama* que indicaria o sentido e a simetria das coordenações metafóricas, exatamente como o diagrama de uma flor fixa o sentido e as simetrias de sua ação floral.[65]

Tais diagramas visam a cernir a originalidade de um poeta ou de um pintor. Bachelard se afastará dessa finalidade e seguirá as imagens por si mesmas, sem a

---

64. Ibidem, p. 54.
65. G. Bachelard, *La Psychanalyse du feu*, op. cit., p. 185.

preocupação de se dedicar a um único poeta (apesar disso, ele escreverá belíssimos estudos sobre Rimbaud, Mallarmé e Éluard), e tomará consciência de que a imagem não é submetida apenas a transformações formais, metafóricas, mas também a variações de *valor*. Os elementos têm em comum o fato de serem ambivalentes: o fogo aniquila e regenera, a água corre ao longo da vida e na morte, o ar é o elemento de nossos voos e nossas quedas, a terra alimenta, mas seus abismos nos devoram. Essa polaridade é dinamizada por operadores. De todos os elementos, o ar é o que melhor revela sua natureza axiológica e o dinamismo ambivalente dos operadores poéticos, pois a imaginação aérea "é essencialmente *vetorial* [...] toda imagem aérea tem *um devir*, tem um vetor de voo".[66] No ar, qualquer variação opera segundo o eixo vertical:

> Aos fenômenos demandamos conselhos de mudança, lições de mobilidade substancial, em suma, uma física detalhada da imaginação dinâmica. [...] Finalmente a vida da alma, todos os temores, todas as forças morais que engajam um devir, têm *um diferencial vertical* na completa acepção matemática do termo.[67]

Essa analogia com a derivação (o limite de dx/dt quando dx e dt tendem a zero) determina que somente a variação tenha uma significação, jamais o valor absoluto:

> Será sempre sob o aspecto *diferencial*, e jamais sob o aspecto *integral*, que apresentaremos nossas tentativas de determinação da verticalidade. Dito de outra forma,

---

66. G. Bachelard, *L'Air et les songes*, op. cit., p. 30.
67. Ibidem, p. 17.

limitaremos nossos exames a curtos fragmentos de verticalidade.⁶⁸

As imagens do ar não expressam simples estados da alma, mas, sim, as variações de nossa moral. Aliás, elas têm afinidade com o sentimento moral e não se podem ler essas páginas escritas em 1943, em que Bachelard evoca a elevação heroica em face da queda na culpabilidade, sem pensar no destino trágico de seu amigo resistente Cavaillès: "*a imaginação moral* [dá] a linha das belas imagens ao longo da qual correrá o esquema dinâmico que é o heroísmo. O exemplo é a própria causalidade na moral"⁶⁹, ela *resiste* quando "O ser 'se afunda' em sua culpabilidade. [...] *Minha queda cria o abismo*, mas não se deve pensar que o abismo seja a causa da minha queda".⁷⁰

Os operadores poéticos coordenam então o movimento externo com uma variação interna. No elemento aéreo, só voo porque me torno mais leve:

> Portanto, para Shelley, todas as imagens poéticas funcionam como *operadores de elevação*. Em outras palavras, as imagens poéticas são *operações* do espírito humano na medida em que nos tornam mais leves, em que nos levantam, em que nos elevam. Elas só têm um eixo de referência: o eixo vertical.⁷¹

Se o ar é ao mesmo tempo o elemento em que evoluo e a expressão de minha dinâmica interna, é porque ele se deforma em função de minha gravidade. Bachelard

---

68. Ibidem, p. 20.
69. Ibidem, p. 130.
70. Ibidem, p. 112.
71. Ibidem, p. 52.

propõe então uma analogia com a teoria da relatividade geral (em que as massas deformam o espaço-tempo):

> Potência imaginária e plasma de imagens vêm, em tal contemplação, trocar seus valores. Encontramos aqui uma nova aplicação daquilo que chamávamos, num capítulo precedente, de *imaginação generalizada*, para caracterizar as imagens nas quais o imaginado e o imaginante são tão indissociavelmente ligados quanto a realidade geométrica na *relatividade generalizada*.[72]

Entretanto, uma imagem permanece irredutível a qualquer tradução conceitual: os operadores poéticos não operam nas imagens como nos conceitos. Por isso os grupos de metáforas não bastam para compreender a indução poética. É preciso outra regra, mais complexa, a da "lei de *isomorfia* das imagens": "as grandes imagens do refúgio — a casa, o ventre, a grota. Encontramos uma ocasião para apresentar, sob uma forma simples, a lei da isomorfia das imagens da profundeza".[73] Bachelard quer apreender o efeito de cada transformação formal ao mesmo tempo que as nuanças da variação axiológica que o acompanham sem reduzir as diversas imagens a uma estrita equivalência (como o faria a psicanálise clássica). Eis dois exemplos:

↑ 5. As imagens místicas celestes.
↑ 4. As imagens mitológicas superiores.
↑ 3. As imagens do inconsciente pessoal.
↑ 2. As imagens mitológicas inferiores.
↑ 1. As imagens místicas infernais.[74]

---

72. Ibidem, p. 299.
73. G. Bachelard, *La Terre et les rêveries de la volonté*, op. cit., p. 14.
74. Ibidem, p. 396.

↓ ventre,
↓ seio,
↓ útero,
↓ água,
↓ mercúrio,
↓ princípio de assimilação — princípio de umidade radical.[75]

Esses dois espectros conjugam, na série das transformações formais, variações de valor que afetam o objeto *e* o sujeito do devaneio: "O ser que sonha em planos de profundeza nas coisas acaba por determinar em si mesmo planos de profundidade diferentes."[76] A isomorfia não significa a equivalência das imagens, mas sua relatividade a um eixo de valor, assim como a covariância que se instaura entre o sonhador e seu devaneio: "Uma lei a que chamaremos de isomorfia das imagens da profundeza. Devaneando sobre a profundeza, sonhamos com nossa profundidade."[77] A sofisticação desses operadores faz justiça à novidade e à originalidade dos movimentos literários de seu tempo e, em primeiro lugar, à escrita surrealista que explodiu as convenções literárias:

> Parece que já existem zonas em que a literatura se revela como uma *explosão da linguagem*. Os químicos preveem uma explosão quando a probabilidade de ramificação se torna maior que a probabilidade de terminação. Ora, no ardor impetuoso e no brilho das imagens literárias, as ramificações se multiplicam; as

---
75. G. Bachelard, *La Terre et les rêveries du repos*, Paris, José Corti, 2004, p. 166.
76. Ibidem, p. 15.
77. Ibidem, p. 62.

palavras não são mais simples termos. Elas não terminam pensamentos, mas têm o devir da imagem. A poesia faz ramificar o sentido da palavra cercando-a de uma atmosfera de imagens. [...] Numa poesia mais liberada, como no surrealismo, a linguagem se encontra em plena ramificação.[78]

A revolução surrealista é tão digna de interesse para a filosofia quanto a revolução quântica. Bachelard não hesita em proclamar a ocorrência de um "novo espírito literário":

É precisamente o caráter próprio do *novo espírito literário*, tão característico da literatura contemporânea, mudar de nível de imagens, de subir e descer ao longo de um eixo que vai, nos dois sentidos, do orgânico ao espiritual, sem jamais satisfazer-se com um único plano de realidade.[79]

A transição entre a psicanálise e a fenomenologia confirma o papel dos operadores. *A poética do espaço* lembra que "a imagem poética é de fato essencialmente variacional".[80] Nessa obra, Bachelard reformula a covariância do objeto e do sujeito por uma analogia com a topologia: "Examinada nos horizontes teóricos mais diversos, tudo indica que a imagem da casa se torna a topografia de nosso ser íntimo."[81] Ao topoanalisar a casa, ele reafirma a preponderância do eixo vertical: "A verticalidade é assegurada pela polaridade do porão ao

---

78. G. Bachelard, *La Terre et les rêveries de la volonté*, op. cit., p. 7.
79. G. Bachelard, *La Terre et les rêveries du repos*, op. cit., p. 196.
80. G. Bachelard, *La Poétique de l'espace*, op. cit., p. 3.
81. Ibidem, p. 18.

sótão."[82] Ele ilustra a covariância: "Quarto e casa são diagramas de psicologia que guiam os escritores e os poetas na análise da intimidade."[83] A ambivalência dos operadores é novamente assinalada:

> O ser que se esconde, o ser que "se recolhe em sua concha", prepara uma saída. Isso é verdadeiro em toda a escala das metáforas, desde a ressurreição de um ser enterrado até a expressão súbita do homem que durante muito tempo esteve taciturno.[84]

Os operadores poéticos agem numa "dimensão", a da indução literária: "A leitura é uma *dimensão* do psiquismo moderno, uma dimensão que transpõe os fenômenos psíquicos já transpostos pela escritura."[85] Ela corresponde ao *aprofundamento da intimidade* e não é análoga ao espaço ordinário: "As dimensões do volume não têm mais sentido porque uma dimensão acaba de se abrir: a dimensão da intimidade. Para alguém que valoriza corretamente, para alguém que se põe na perspectiva dos valores de intimidade, essa dimensão pode ser infinita."[86] A noção de dimensão exacerba a tensão entre a objetividade da medida e o caráter imaginário do objeto medido, ela ilumina a diferença que separa o espaço ordinário do espaço poético:

> Quantos teoremas de topoanálise seria preciso elucidar para determinar todo o trabalho do espaço em nós! A imagem não permite que se a meça. Apesar de falar

---

82. Ibidem, p. 35.
83. Ibidem, p. 51.
84. Ibidem, p. 110.
85. Ibidem, p. 22.
86. G. Bachelard, *La Terre et les rêveries du repos*, op. cit., p. 89.

sobre o *espaço*, ela muda de grandeza. O menor valor a estende, a eleva, a multiplica. E o sonhador se torna o ser de sua imagem.[87]

Assim procedendo, Bachelard legou instrumentos de análise muito preciosos, dado que determinam as associações de imagens poéticas sem jamais anular a dimensão fundamentalmente não objetiva e pessoal dessas associações. Ele abriu, assim, o campo da análise literária à experiência da intimidade literária.

As experiências íntimas

Jean Lescure recenseou, sem comentá-las, as passagens em que Bachelard relata uma experiência íntima. O devaneio varia de um espírito ao outro, de um momento ao outro, e é vão desejar fixá-lo. Será que um homem que cresceu sem conhecer os encantos do campo, depois o exílio urbano e a pilhagem de cada uma de suas moradas[88] compreenderá a obsessão por um lar desse *champenois*[89] desenraizado? Será que aquele que pensa, de acordo com seu tempo, que a luta contra o alcoolismo e o consumo excessivo de álcool passam pelo recalque das imagens positivas ligadas às bebidas alcoólicas terá a mínima indulgência para com o elogio do vinho feito pelo filho de uma família de viticultores? Indicamos aqui a recorrência desses dois devaneios induzidos pelas imagens da casa e da vinha, pois eles designam dinâmicas

---

87. Ibidem, p. 160.
88. Essa maldição o perseguirá até depois da morte, pois sua casa em Dijon será novamente pilhada em 1967.
89. Natural da região francesa de Champagne (Bachelard nasceu ali, em Bar-sur-Aube). [N.T.]

opostas e mobilizam experiências íntimas abundantes e reveladoras.

Os devaneios da casa são conhecidos. Eles se tornaram célebres além dos círculos literários e *A poética do espaço* é mesmo um clássico das escolas de arquitetura. A habitação toma aí uma dimensão cósmica. Heidegger também insistiu sobre a importância de *habitar* o mundo:

> Ser homem quer dizer: estar sobre a terra como mortal, isto é, habitar.[90]

Todavia, antes de habitar o mundo em face dos deuses, o homem começa, modestamente, por habitar uma *casa* e é em seus sonhos que ele a habita da melhor forma. Essa forma onírica de habitar é de uma profundidade infinitamente mais autêntica que qualquer tradição do solo ou do sangue, que pretenderiam fixar o ser humano em uma terra e em um passado:

> Vemos bem, quando sabemos dar a todas as coisas seu justo peso de sonhos, que *habitar oniricamente* é mais que habitar pela lembrança. A casa onírica é um tema mais profundo que a casa natal. Ela corresponde a uma necessidade que vem de mais longe.[91]

A universalidade onírica da casa protege os devaneios do lar da servidão a uma *Heimat* [terra natal]. A concepção bachelardiana da intimidade é radicalmente anti-heideggeriana, mesmo que suas origens rurais, sua sensibilidade literária e até sua amizade com Roupnel o induzam

---

90. M. Heidegger, "Bâtir, Habiter, Penser", in: *Essais et Conférences*, Paris, Gallimard, 1958, p. 173. [Ed. bras.: "Construir, habitar e pensar", in: *Ensaios e conferências*, trad. Márcia S. Cavalcanti Schuback, Petrópolis, Vozes, 2002.]

91. G. Bachelard, *La Terre et les rêveries du repos*, op. cit., p. 113.

aos temas próximos do filósofo alemão. Bachelard amava o romantismo alemão, a exaltação da natureza, mas suas meditações sobre a província, as paisagens e a vida de outrora tomam o contrapé do mito da autenticidade. Infelizmente, o pensador da autenticidade com frequência confunde o pertencimento a um solo geográfico com o único enraizamento que valha a pena: o de nossos sonhos...

Em Bachelard, a casa é um arquétipo poderoso, universal, mas não é o signo de uma transcendência oculta, como para Jung e Heidegger. A casa é a matriz de experiências íntimas precoces. Ela é inicialmente um *lar*[92]: "Era uma manhã de inverno em nossa pobre casa. O fogo brilhava na lareira."[93] O domínio do fogo doméstico é sinal de potência:

> Quando eu estava doente, meu pai fazia fogo na lareira de meu quarto. Ele mostrava um grande cuidado ao colocar as lenhas mais grossas sobre os galhos finos, ao deslizar por entre as grades do borralho um punhado de pedacinhos de madeira. Não conseguir acender um fogo teria sido uma insigne besteira. Eu não imaginava que meu pai pudesse ter um rival nessa função, que ele não delegava a ninguém. De fato, não me lembro de ter acendido um fogo antes da idade de dezoito anos. Foi somente quando vivi na solidão que me tornei senhor de minha chaminé.[94]

A casa é um arquétipo da psique infantil que persiste ao longo da vida adulta. Mesmo depois de ter se tornado

---

92. Em francês, *foyer*, que também tem os significados de "lareira", "chaminé", "braseiro", isto é, o lugar em que se acende o fogo e se reúne a família. Metaforicamente, o *coração* da casa. [N.T.]
93. G. Bachelard, *La Psychanalyse du feu*, op. cit., p. 25.
94. Ibidem.

uma figura legendária do quinto *arrondissement*[95] de Paris, Bachelard continuava a ser um filho do campo exilado num apartamento:

> Sim, o que há de mais real? A casa mesma em que se dorme ou a casa em que, dormindo, se vai fielmente sonhar? Eu não sonho em Paris, nesse cubo geométrico, nesse alvéolo de cimento, nesse quarto com janelas de ferro tão hostil à matéria noturna. Quando os sonhos me são propícios, vou até lá, numa casa da Champagne, ou em algumas casas em que se condensam os mistérios da felicidade.[96]

Nisso, ele antecipa Heidegger — no diagnóstico de uma crise da *habitação* mais profunda que a simples crise do *alojamento* —, mas eles divergem quanto à significação do "desenraizamento". Nessa nostalgia da casa, o importante não é a singularidade anedótica da casinha de Bar-sur-Aube, nem mesmo que o mundo moderno tenha privado os indivíduos das raízes rurais, mas que toda infância teve que projetar sua atividade numa casa para nela formar o *grupo* inicial de seus gestos:

> De que serviria, por exemplo, mostrar a planta do quarto que realmente foi o *meu*, descrever o pequeno quarto no *fundo* do sótão, dizer que da janela e pelas frestas do teto se via a colina. [...] Contudo, além das lembranças, a casa natal está fisicamente inscrita em nós. Ela é um grupo de hábitos orgânicos. Com vinte anos de intervalo, apesar de todas as escadas anônimas, encontraríamos os reflexos da "primeira escada" e não tropeçaríamos em certo degrau um tanto quanto alto.[97]

---

95. Distrito, circunscrição administrativa. [N.T.]
96. G. Bachelard, *La Terre et les rêveries du repos*, op. cit., p. 110.
97. G. Bachelard, *La Poétique de l'espace*, op. cit., pp. 31-32.

Esse grupo gestual da casa tem a mesma estrutura que qualquer outro grupo de metáforas. Cada um descobre a analogia em si, que lhe permite circular em sonho por lugares que há muito foram abandonados. Sua perenidade se deve ao valor de reconforto que sentimos ao reencontrarmos gestos íntimos:

> Assim, uma casa *onírica* é uma *imagem* que, nas lembranças e nos sonhos, se torna uma força de proteção. Ela não é uma simples moldura em que a memória encontra suas imagens. Na mesma casa que já não é mais, gostamos de viver ainda porque nela revivemos, frequentemente sem nos darmos conta disso, uma dinâmica de reconforto. Ela nos protegeu, então ainda nos reconforta. O *ato de habitar* cobre-se de valores inconscientes.[98]

A função protetora da casa a singulariza dentre as imagens elementares. Heidegger considera que "habitar, ser posto em segurança, quer dizer: ficar fechado".[99] Para Bachelard, a casa não é fechada e está em comunicação com a natureza:

> O marceneiro do vilarejo havia recortado, em cada uma das folhas das janelas, dois corações, para que dessa forma o sol da manhã despertasse a família. Assim, ao anoitecer e mesmo tarde da noite, pelas duas cavidades das janelas, a lâmpada, nossa lâmpada, lançava dois corações de luzes douradas sobre o campo adormecido.[100]

---

98. G. Bachelard, *La Terre et les rêveries du repos*, op. cit., p. 113.
99. M. Heidegger, op. cit., p. 176.
100. G. Bachelard, *La Flamme d'une chandelle*, op. cit., p. 105.

Ela possui um dinamismo ambivalente: nela entramos para melhor sairmos, nela nos refugiamos para melhor acolher. Ela também é polarizada segundo um eixo vertical, entre o porão e o sótão. Bachelard vê nela a síntese de arquétipos anteriores, tais como a grota e o ninho. Ele preconiza dormir numa edificação provida de um porão e de um sótão para bem sonhar. O que constitui a força persuasiva de sua argumentação não é o mapa abstrato da casa onírica perfeita, nem o apelo a lugares sagrados, mas o relevo de experiências íntimas: "Desçamos ao porão, como nos bons velhos tempos, com o candeeiro na mão"[101], "Se tivermos a chance de subir ao sótão da família por uma escada estreita, ou por uma escada sem corrimão, um pouco espremidos contra as paredes, podemos estar certos de que se inscreverá, por toda a vida, um belo diagrama numa alma de sonhador".[102] Para além da nostalgia dos gestos de antigamente ou de seu sentido psicanalítico, a evocação da humilde casa de Bar-sur-Aube determina a dialética entre a lembrança da casa *natal* e o devaneio da casa *onírica*:

> A casa da lembrança, a casa *natal*, é construída sobre a cripta da casa onírica. Na cripta está a raiz, a ligação, a profundidade, o mergulho dos sonhos. Nós nos perdemos nela. Ela tem um infinito. Nela também sonhamos como num desejo, como numa imagem que por vezes encontramos num livro. Em vez de sonhar com aquilo que foi, sonhamos com aquilo que deveria ter sido, com aquilo que teria estabilizado para sempre nossos devaneios íntimos. Kafka sonhou assim, "com

---

101. G. Bachelard, *La Terre et les rêveries du repos*, op. cit., p. 122.
102. Ibidem, p. 125.

uma pequena casa [...] bem em frente à vinha, na beira da estrada [...] bem no fundo do vale".[103]

Teria sido por acaso que Bachelard delegou a Kafka o cuidado de fixar a imagem perfeita da casa onírica? Se a compararmos com a figura escolhida por Heidegger, a casa na Floresta Negra[104], constataremos que sob a pena do judeu citadino o devaneio da casa não toma os ares místico-reacionários da evocação heideggeriana, e a nostalgia do desenraizado Bachelard não ressoa com os sotaques do *Blut und Boden*.[105] Ele só dá um sentido à casa natal, como símbolo das origens, pelos sonhos de infância, enquanto toda referência ao sagrado é recusada. Uma segunda imagem confirma esse ponto: Heidegger nota de passagem que "habitar" também pode significar "fechar e cuidar, principalmente cultivar um campo, cultivar a vinha"[106]; ora, a casinha kafkiana escolhida por

---

103. Ibidem, p. 113.
104. M. Heidegger, op. cit., pp. 191-192: "Pensemos por um momento numa casa camponesa da Floresta Negra, que um 'modo de habitar' camponês construía ainda há duzentos anos. Aqui, o que ergueu a casa foi a persistência no local de um (certo) poder: o de convocar as coisas na terra e no céu, os divinos e os mortais em sua simplicidade. Foi esse poder que colocou a casa na encosta da montanha, ao abrigo do vento e voltada para o sul, entre as pastagens e próxima da fonte. Ele lhe deu o teto de madeira com grandes varandas, aquele que suporta as cargas de neve, com inclinação adequada e que, dispondo-se bem baixo, protege os cômodos das tempestades nas longas noites de inverno. Ele não se esqueceu do 'canto do Senhor Deus' na retaguarda da mesa comunitária e 'arranjou' nos quartos os lugares santificados, que são aqueles do nascimento e da 'árvore do morto' — é assim que lá é chamado o caixão — e dessa forma, para as diferentes idades da vida, ele prefigurou sob um mesmo teto a marca de sua passagem através do tempo."
105. "O sangue e o solo", expressão cunhada por Oswald Spengler em *A decadência do Ocidente* (1922), retomada pelos pangermanistas e tornada princípio da lei sobre a herança da Alemanha nazista em setembro de 1933.
106. M. Heidegger, op. cit., p. 173.

Bachelard fica voltada para uma modesta plantação de vinhas...

A família Bachelard, na origem, era de viticultores, e Louis, pai de Gaston, possuía uma vinícola. Iniciado desde tenra idade na degustação, Gaston guardará na boca o gosto dos vinhos *champenois* de antes da epidemia de *phylloxera* (no final dos anos 1860): "Naquele tempo eu me contentava em ser um bom caminhante... e em parar no bistrô para beber o vinho que já não posso mais me oferecer, dado que [agora] se faz o champanhe puro americano."[107] A cultura vinícola familiar era profunda. Bachelard contou a Lescure que certa floresta de sua região era desaconselhada aos homens de sua família: seu avô havia se perdido nela, seu pai havia se perdido nela, ele também aí se perdera. O final da narrativa mostra o motivo:

> Essa floresta de Bois-des-Dames certamente marcou-me... de vez em quando a gente a atravessava e chegava num lugar em que o vinho era extraordinário... não se podia beber muito, caso contrário... era certo se perder para voltar... É esse vinho que não encontro mais...[108]

Essa familiaridade com a vinha explica também uma parte de sua amizade com Gaston Roupnel*:

> Gaston Roupnel [...] era metade professor de história, sua profissão, metade comerciante de vinho e (vamos colocar três partes...) poeta; ele escrevia com uma beleza... e uma tranquilidade... que me deixaram maravilhado. Fiz alguns passeios com ele, durante os quais ele me explicou... não diria a Borgonha, mas o campo

---

107. Declaração recolhida em J. Lescure, *Un Été avec Bachelard* (Paris, Luneau Ascot, 1983), p. 233.
108. Ibidem, p. 234.

francês. O pai de Roupnel havia sido chefe de estação ferroviária em Gevrey-Chambertin, e havia comprado vinhas nos melhores *crus*[109] de Chambertin... Fui, com minha jovem filha, fazer a colheita da uva Roupnel: seu filho, sua mulher, Suzanne e eu; havia também um *porte-hotte*[110] que vinha esvaziar nossos cestos de palha. Às vezes, ele me explicava dizendo: "Veja, meu caro" — eu gostaria de poder imitá-lo, mas enfim... não há como reproduzir suas sutilezas. Ele sempre falava lenta e suavemente... e me dizia: "Se você for à esquerda da estrada de Beaune, o vinho não vale nada; à direita está o verdadeiro Borgonha." Ele me dizia — oh, não há como reproduzir o modo como ele falava —: "Uma pequena inclinação... isso basta! Isso basta para concentrar o sol."[111]

Durante a Ocupação, Bachelard sofreu com o racionamento, como relata Lescure: "Na época da Ocupação, a comida, como se sabe, dependia dos cupons. Eu reservava os cupons de vinho que não usávamos em casa para Bachelard."[112] Depois de suas aulas às quartas-feiras na Sorbonne, sabe-se que ia, na companhia de alguns poetas que vinham assistir aos seus cursos (Éluard, Fondane, Queneau[113]), tomar algumas cervejas no boteco:

---

109. Vinho produzido num território determinado, o que lhe garante a procedência. A expressão *grand cru* designa um "excelente cultivo". Em regiões como a Borgonha e a Alsácia, refere-se às poucas e selecionadas *appellations* [denominação de origem controlada] ou vinícolas que produzem os vinhos da mais alta qualidade. [N.T.]
110. Auxiliar de quem colhe os cachos de uva. O colhedor os apanha e os coloca num cesto que traz preso às costas; o *porte-hotte*, munido de um grande jacá com alças, como se fossem as de uma mochila, vem pegar essa coleta para levá-la até onde as uvas serão prensadas para a produção do vinho. [N.T.]
111. J. Lescure, op. cit., p. 126.
112. Ibidem, p. 77.
113. Benjamin Wechsler, dito Benjamin Fondane (1898-1944), poeta romeno, naturalizado francês. Raymond Queneau (1903-1976), escritor francês,

Essas quartas-feiras são festas para nós; a avidez tranquila com a qual as esperamos, a excitação que renasce a cada semana, a descontração agitada pelos "mas" e os "entretanto", pelos "seria preciso ver" e os "não tão depressa" que se seguiam durante a hora que ainda nos era necessária para esvaziar uma ou duas (quase sempre duas) canecas de meio litro cada de cerveja no Balzar.[114]

Para resumir, até o fim de sua vida ele bebeu com muito prazer. Nunca escondeu esse fato e se divertia quando alguém encontrava influências de seu gosto pela bebida em sua obra:

> Sem isso, teríamos medo, ao confessar nosso gosto pela miniatura, de reforçar o diagnóstico que a sra. Favez-Boutonnier nos fez, no início de nossa boa e velha amizade, há um quarto de século: vossas alucinações liliputianas são características do alcoolismo.[115]

Para Bachelard, não era ilegítimo estudar o papel do álcool em alguns devaneios. Na obra *A psicanálise do fogo*, o estudo da "água de fogo" manifesta assim o complexo de Hoffmann ou complexo do *punch* como sendo a fonte primeira dos contos fantásticos: "Deve-se admitir que seja a chama paradoxal do álcool a inspiração primeira [...] o inconsciente alcoólico é uma realidade

---

cofundador do OuLiPo [Ouvroir de Littérature Potentielle, corrente literária formada por escritores e matemáticos que, paradoxalmente, por meio de constrangimentos de escrita, propõem uma libertação da literatura. Seus fundadores definem-se como "ratos que constroem o próprio labirinto do qual se propõem a escapar". (N.T.)].

114. Relatado em J. Lescure, op. cit., p. 197.

115. G. Bachelard, *La Poétique de l'espace*, op. cit., p. 151. Juliette Favez-Boutonnier (1903-1994), psicanalista francesa.

profunda."[116] Ele toma partido contra a moral antialcoólica que, desvalorizando a imagem do álcool, oculta sua ação poética:

> Atualmente o *brûlot* e o *punch*[117] são desvalorizados. O antialcoolismo, com sua crítica em forma de slogans, proibiu tais experiências. Entretanto, parece-nos ser verdade que toda uma região da literatura fantasmagórica tem a ver com a poética excitação do álcool.[118]

Os laços com o *brûlot* também decorrem sem dúvida de sua ligação com a imagem do pai:

> Nas grandes festas de inverno de minha infância fazíamos um *brûlot*. Meu pai derramava num grande prato a grapa de nossa vinha. No centro ele colocava pedaços de açúcar, os maiores que havia no açucareiro. Assim que um fósforo tocava a ponta do açúcar, a chama azul descia com um pequeno ruído sobre o álcool no prato. Minha mãe controlava o fogo. Era o momento do mistério e da festa um tanto quanto grave. Rostos familiares, mas subitamente desconhecidos em sua lividez, cercavam a mesa redonda. Por instantes, o açúcar crepitava antes do desmoronamento de sua pirâmide e algumas línguas amareladas estalavam nas beiradas das longas chamas pálidas. Se as chamas vacilavam, meu pai atiçava o *brûlot* com uma colher de ferro. A colher tinha pegadores de fogo como se fosse uma ferramenta do diabo.[119]

---

116. G. Bachelard, *La Psychanalyse du feu*, op. cit., p. 150.
117. *Brûlot*: aguardente açucarada e flambada; *punch*: ponche. [N.T.]
118. G. Bachelard, *La Psychanalyse du feu*, op. cit., p. 153.
119. Ibidem, p. 146.

Apesar de o diabo mostrar aqui a ponta de sua cauda, Bachelard jamais chega a qualificar o álcool de bebida satânica. Quando a figura iniciática aos mistérios alcoólicos chega a uma estatura mitológica, é Baco que aparece: "Baco é um deus bom; fazendo a razão divagar, ele impede a ancilose da lógica e prepara a invenção racional."[120] O álcool induz a um devaneio expansivo, a um transbordamento da imaginação e, até certo ponto, a uma embriaguez positiva para a razão que se esclerosa. Entretanto, o álcool também representa um perigo para o sonhador, pois encoraja as imprudências, incentiva o abandono das amarras para ir ao desconhecido e estimula a transgressão do proibido. Nas narrativas fantásticas, ele é um operador que desencadeia uma deriva fatal. Nas bacanais, ele inspira imagens de libertinagem:

> Quando o álcool flamba, numa noite de festa, parece que *a matéria fica louca*, parece que a água feminina perde todo o pudor e que ela se entrega delirante ao seu mestre, o fogo! Não devemos nos surpreender com o fato de que certas almas aglomeram em torno dessa excepcional imagem impressões múltiplas, sentimentos contraditórios, e que sob esse símbolo se forme um verdadeiro complexo.[121]

Bachelard não ignora os riscos que corre uma alma fraca ao se apaixonar pela chama líquida. É isso que lhe concerne, quando se apresenta a escolha entre o álcool e o leite, "Dionísio contra Cibele"[122], e ele fica do lado dos sonhos da vinha:

---

120. Ibidem, p. 151.
121. G. Bachelard, *L'Eau et les rêves*, op. cit., p. 130.
122. Ibidem, p. 168.

Assim, a Natureza tomou o cuidado — como boa mãe — de proibir, pela intervenção das vinhas trepadeiras, a união de líquidos contrários, a união da água e do vinho, a união do charco e das encostas. [...] Há regiões planas em que se regam as vinhas. São lugares que o sonho do vinho não visita. Para quem sonha com as substâncias em seu ato profundo, a água e o vinho são líquidos inimigos.¹²³

Apesar disso, há nuanças. A imagem do vinho não é a do álcool. Se o álcool torna selvagem, o vinho se cultiva, se aperfeiçoa:

> Tal será a bela imagem pela qual Edmond Jaloux nos faz sentir num vinho maduro, num vinho "conciso", "vários buquês superpostos". Seguindo o escritor, vamos reconhecer toda a *verticalidade de um vinho*. Esses "aromas superpostos", cada vez mais delicados, não seriam o oposto de um vinho que teria um "sabor residual"?¹²⁴

Quem reflete sobre o vinho aprende a expressá-lo por metáforas. Há uma enorme distância entre o sujeito que encontra as palavras justas (os operadores) para expressar os aromas e a textura e aquele que o imita, acumulando adjetivos ao sabor do acaso: "O feliz comensal bebe 'um vinho ao mesmo tempo seco e aveludado' [em *La Gourmandise*, Eugène Sue, 1864, p. 232]. Tal vinho pode se revelar seco em seu ataque sensível e depois aveludado na reflexão. Mas o *gourmet* pode dizer dessa bebida: 'Esse

---

123. G. Bachelard, *La Terre et les rêveries du repos*, p. 362.
124. Ibidem, p. 107. Edmond Jaloux (1878-1949), romancista e crítico literário francês.

vinho! Como é *fondu*!'."[125] É preciso respeitar o vinho e sua imagem. Há um pudor do vinho:

> Quando o sol de agosto já se exerceu sobre as primeiras seivas, seu fogo lentamente chega aos cachos. A uva clareia. O cacho se torna um lustre que brilha debaixo do abajur das largas folhas. É provável que tenha sido para esconder o cacho que inicialmente serviu a pudica folha de parreira.[126]

E quando Bachelard se irrita com um mau crítico, que chama Verlaine de alcoólatra, parece mais defender a honra do vinho que a do poeta:

> Há meio século, um príncipe da crítica literária havia se dado como tarefa explicar a poesia de Verlaine, que ele não apreciava muito, pois como gostar da obra de um poeta que vive à margem dos letrados? "Ninguém jamais o viu num *boulevard*, nem em um teatro, nem em um salão. Ele está sempre em algum canto de Paris, por trás de algum balcão, onde toma um vinho azul." Vinho azul![127] Que injúria para o *beaujolais* que se bebia então nos pequenos cafés de Sainte-Geneviève![128]

Nos devaneios do vinho, a cultura domina a experiência onírica (aliás, Bachelard lamenta que nos sonhos não se consiga tomar um vinho fresco...). Medita-se sobre o vinho com uma taça nas mãos, mas ele não desperta a infância, e sim recapitula uma vida: "Esse vinho pálido,

---

125. G. Bachelard, *La Terre et les rêveries de la volonté*, op. cit., p. 99. [Nesse sentido, *vin fondu* significa "unido intensamente", "incorporado", "muito bem mesclado". (N.T.)]
126. G. Bachelard, *La Flamme d'une chandelle*, op. cit., p. 78.
127. Vinho mais escuro que o tinto tradicional. [N.T.]
128. G. Bachelard, *La Poétique de la rêverie*, op. cit., p. 8.

fresco, seco, põe em ordem toda a minha vida *champenoise*. Acham que eu bebo, mas eu me recordo..."[129] Dentre os devaneios do vinho há aqueles que vão por meio dos ramos lenhosos e das hastes dos pés de uva até o enraizamento no território. Eles parecem contradizer o que havíamos afirmado sobre a casa: "Nada mais local, nada mais dialetal que o nome e o ser dos vinhos."[130] Contudo, Bachelard sabe degustar os vinhos de outros povos[131] e faz uma séria crítica à assimilação da região ao território; os vinhos de sua terra o emocionam porque singularizam a natureza universal com variantes imaginárias da linguagem que chegam até mesmo a contradizer a geografia:

> E quem nos celebrará, por exemplo, os vinhos do olhar: ternura e malícia, vinhos que brincam amando, oh, vinho de minha terra! Vinho que une as províncias e que faria, numa doce embriaguez geográfica, um confluente do Aube e do Loire. "Os vinhos de Bar-sur-Aube aproximam-se em cor, sabor e bondade aos vinhos de Anjou... São claros e amarelo-avermelhados, sutis, delicados, de fino gosto e apresentam um sabor agradabilíssimo ao paladar, lembrando a framboesa" [em Nicolas Abraham, *sieur* de La Framboisière, *Le Gouvernement nécessaire à chacun pour vivre longuement en santé* (Paris, 1608)]. Quantas vezes assim a Vinha, rainha dos simples, toma o perfume de uma de suas doces damas de companhia, como a framboesa, ou de uma de suas rudes servas, como a mineralidade![132] O vinho é verdadeiramente um

---

129. G. Bachelard, *Le Droit de rêver*, op. cit., p. 236.
130. G. Bachelard, *La Terre et les rêveries du repos*, op. cit., p. 368.
131. G. Bachelard, *La Terre et les rêveries de la volonté*, op. cit., p. 345: "Penso ter bebido o vinho do Reno e os vinhos da Mosela com o sentido delicado das homenagens que eles podem receber de um *champenois*."
132. Em francês, "*poudre à fusil*" (pó de fuzil), por lembrar o odor característico emanado pelos mosquetões do século XVII, quando as duas

universal que sabe se tornar *singular*, desde que encontre um filósofo que saiba bebê-lo.[133]

O operador do vinho produz apaziguamento no movimento que arrebata, e não num refúgio imóvel. Essa emoção universal oferecida pela imagem do vinho não diz tanto respeito à poética do espaço, mas, sim, a uma experiência íntima da passagem do *tempo*. Os aspectos mais primitivos da imagem do vinho, como a forte imagem de um vinho *tinto*, essa bebida energética e redentora, só têm força eficaz para um espírito infantil:

> Lembro-me ainda do primeiro atiçador [de fogo] em brasa mergulhado no vinho tremulante. Esse remédio marcial era então dado com todas as suas virtudes. Ele curava tudo, o corpo e o espírito, e já restabelecia a criança sonhadora por meio da ação das grandes imagens. Bastava em seguida abrir um velho livro para compreender que o vinho tinto que havia apagado o ferro em brasa vencera a clorose.[134]

Mais tarde na vida, a imagem do vinho se refina. Ela apazigua porque convida a meditar sobre o envelhecimento:

> Melhor que qualquer outro vegetal, a vinha encontra o acordo dos mercúrios da terra, dando assim ao vinho seu justo peso. Ela trabalha ao longo do ano, seguindo a

---

pedras de sílex se entrechocavam para produzir o fogo. Esse aroma é associado à mineralidade (sílex aquecido) e ao defumado (pólvora queimada). [N.T.]

133. G. Bachelard, *La Terre et les rêveries du repos*, op. cit., p. 369.

134. G. Bachelard, *La Terre et les rêveries de la volonté*, op. cit., p. 145. [Clorose: anemia por falta de ferro, caracterizada por uma palidez esverdeada da pele. (N.T.)]

marcha do sol através dos signos do zodíaco. O vinho jamais esquece, no mais profundo das adegas, de recomeçar essa marcha do sol nas "casas" do céu. É marcando assim as estações que ele encontra a mais impressionante das artes: a arte de envelhecer.[135]

Quanto mais se envelhece, mais se aprecia a sabedoria do vinho que se aperfeiçoa com a idade... O operador dionisíaco conserva seu valor iniciático: ele nos ensina a passar o (no) tempo. A pior coisa que pode acontecer à vinha é então petrificar-se[136], como ocorre na *Vigne pétrifiée* [Vinha petrificada] de Huysmans.[137] Então o tempo se imobiliza, o mundo mergulha nas trevas e o espírito se angustia. Nem a casa nem o vinho bastam mais para escapar da tristeza e da solidão:

> Você fica tomado por uma tristeza antiga, retoma consciência de sua solidão humana, uma solidão que deseja marcar com um sinal inapagável um ser que sabe mudar. Você acreditava estar sonhando e você se lembra. Você está sozinho. Você esteve sozinho. Você estará sozinho. A solidão é a sua duração. Sua solidão é sua própria morte, que dura em sua vida, sob sua vida.[138]

Essas poucas linhas pungentes não exprimem apenas um drama pessoal, mas também a insondável angústia diante da finitude da existência. A vertente imaginária do pensamento do Bachelard sonhador traz então o mesmo desafio que a vertente epistemológica do Bachelard em

---
135. G. Bachelard, *La Terre et les rêveries du repos*, op. cit., p. 391.
136. G. Bachelard, *La Terre et les rêveries de la volonté*, op. cit., p. 219.
137. Charles Marie Georges Huysmans, dito Joris-Karl Huysmans (1848-1907), escritor francês "decadente".
138. G. Bachelard, *Le Droit de rêver*, op. cit., p. 241.

vigília: como o filósofo fará para dar um sentido ao tempo que seja à prova do tempo? Isso reclama uma nova forma de atividade do espírito, a meditação, cujo método se chama *ritmanálise*.

A *ritmanálise*

Bachelard começou seu estudo das imagens seguindo o modelo que havia elaborado em sua psicanálise do conhecimento: a pregnância de uma imagem elementar enraíza-se num complexo subjacente. O simbolismo dos elementos alquímicos, que guiava essa exploração do inconsciente, não mais bastava para explicar a energia, a substância e a dinâmica das imagens, e o complexo era uma noção por demais psicológica para explicar a ligação poética das imagens. A "fenomenologia" torna-se então a referência dos escritos posteriores, uma vez que se tratava de aprofundar a profundeza *da imagem*.

Para além das variações de metodologia, observamos de fato a persistência e o refinamento de alguns operadores poéticos: a indução, os grupos de transformação formal, a ambivalência dinâmica, a covariância do sonhador e de seus devaneios. Eles finalmente combinam-se dentro da "lei da isomorfia". Eles balizam o sentido da leitura de um verso ou de um quadro sem fixá-los: as imagens são irredutíveis a qualquer tradução conceitual unívoca. A emoção poética permanece um caso pessoal que depende de ressonâncias afetivas. Por isso Bachelard cultivou suas próprias experiências íntimas, tomando o cuidado de enfatizar que sua singularidade não era contraditória com a universalidade e a abertura do devaneio. Contra a tentação do enclausuramento identitário, que ameaça certos pensadores do imaginário, ele soube fazer da "casa" um arquétipo da proteção que não desvaloriza o estrangeiro nem o vagabundo, e da "vinha" o símbolo de um enraizamento nostálgico que, contudo, acolhe o devir com serenidade.

Sua profunda convicção centra-se na necessidade da divisão do dia e da noite para oferecer aos objetos poéticos uma dignidade semelhante à dos objetos científicos, pois convém não confundi-los. Quem trata o conceito como uma imagem é incongruente, quem trata a imagem como um conceito perde o essencial: o prazer. No final de sua vida, ele só concebia os trabalhos epistemológicos e literários no modo da *alternância*:

> Continuei ávido por conhecer as construções conceituais, cada vez mais numerosas, e, como também amava as belezas da imaginação poética, só consegui um trabalho tranquilo depois de ter claramente separado minha vida produtiva em duas partes quase independentes, uma posta sob o signo do conceito, a outra sob o signo da imagem.[139]

Essa alternância realiza um equilíbrio entre as fases de vigília racionalista e do abandono ao devaneio. Na sequência, essas duas dinâmicas podem coordenar-se dentro de alternâncias mais refinadas e dar lugar a uma "dupla leitura" a fim de discernir os resíduos imaginários da ciência ou, ao contrário, os efeitos de realidade literários:

> É impossível acolher o ganho psíquico da poesia sem fazer cooperar essas duas funções do psiquismo humano: função do real e função do irreal. Uma verdadeira cura de ritmanálise nos é oferecida pelo poema que tece o real e o

---

139. G. Bachelard, *Fragments d'une poétique du feu*, op. cit., p. 33.

irreal, que dinamiza a linguagem pela dupla atividade da significação e da poesia.[140]

A *ritmanálise* é um neologismo tomado de empréstimo a um filósofo português, Lúcio Alberto Pinheiro dos Santos*.[141] Bachelard resume e se apropria de certas teses desse autor em *A dialética da duração* (1936) e posteriormente em *A psicanálise do fogo* (1938):

> Os ritmos sustentam-se mutuamente; induzem-se reciprocamente e duram por autoindução. Se aceitarmos os princípios psicológicos da Ritmanálise de M. Pinheiro dos Santos, que nos aconselha a somente atribuir *realidade temporal* àquilo que vibra, compreenderemos imediatamente o valor de dinamismo vital, de psiquismo coerente que intervém num trabalho ritmado.[142]

Ele a utiliza em quase todas as suas obras noturnas. Nestas, ela toma formas modestas, localizadas — as de técnicas que permitem objetivar o ritmo do devaneio. Assim, em *O ar e os sonhos*, a superioridade da leitura silenciosa sobre a leitura em voz alta se torna manifesta pela medida do *ritmo* das imagens aéreas que "tirarão proveito de um surrealismo do ritmo, no sentido de que tomarão diretamente do ritmo a substância aérea, o ritmo da matéria do sopro".[143] Nos dois livros sobre a terra, as

---

140. G. Bachelard, *La Poétique de l'espace*, op. cit., p. 17.
141. L. A. Pinheiro dos Santos, *A ritmanálise*, Rio de Janeiro, Sociedade de Psicologia e Filosofia, 1931. Essa obra não pode mais ser encontrada e deve sua posteridade a Bachelard, em *La Dialectique de la durée*, op. cit., pp. 129-150. Cf. J. Domingues, "Lucio Pinheiro dos Santos et la rythmanalyse" (*Cahier Gaston Bachelard*, n. 4, 2001).
142. G. Bachelard, *La Psychanalyse du feu*, op. cit., p. 58.
143. G. Bachelard, *L'Air et les songes*, op. cit., p. 277.

ambivalências dinâmicas das imagens materiais são analisadas na qualidade de ritmo: "Uma matéria bem escolhida, ao dar ao ritmo de introversão e de extroversão sua verdadeira mobilidade, propicia um meio de ritmanálise."[144] A ritmanálise é o principal instrumento de seu estudo sobre Mallarmé: "Só podemos sentir todos os benefícios das forças poéticas mallarmeanas submetendo-nos primeiramente a uma *ritmanálise* de todos os fatores de inércia que atravancam a vibração de nosso ser."[145] A análise do ritmo não é apenas uma questão estética, mas engaja uma relação existencial com o tempo. Bachelard lembra esse valor prático (e quase terapêutico) em sua obra *A poética do espaço* (1957):

> Referindo-nos à obra do filósofo brasileiro [sic] Lúcio Alberto dos Santos, dizíamos em outra oportunidade que examinando o ritmo da vida em detalhes, descendo dos grandes ritmos impostos pelo universo aos ritmos mais refinados que atuam sobre as sensibilidades extremas do homem, poderíamos estabelecer uma ritmanálise que tenderia a tornar felizes e leves as ambivalências que os psicanalistas descobrem nos psiquismos perturbados.[146]

A ritmanálise acompanha então o conjunto da trajetória noturna de Bachelard. Ela é a chave para compreender sua filosofia *alternada* das ciências e da imaginação. A elaboração dessa noção crucial, provavelmente bem independente da recepção de Pinheiro dos Santos, efetua-se em seus escritos sobre o tempo, considerados inclassificáveis:

---

144. G. Bachelard, *La Terre et les rêveries de la volonté*, op. cit., p. 33. Cf. também Ibidem, p. 320 ou ainda G. Bachelard, *La Terre et les rêveries du repos*, op. cit., pp. 102, 105, 131.
145. G. Bachelard, *Le Droit de rêver*, op. cit., p. 161.
146. G. Bachelard, *La Poétique de l'espace*, op. cit., p. 72.

A intuição do instante (1932) e *A dialética da duração* (1936), além da conferência "La Continuité et la multiplicité temporelle" ["A continuidade e a multiplicidade temporal"], de 1937. Esses ensaios são os únicos tidos como *metafísicos*. Eles utilizam paralelamente argumentos psicológicos e raciocínios epistemológicos; associam a análise de poesias e de trabalhos científicos. Escapam à partição do dia e da noite. São também, por esse motivo, os textos mais árduos e mais ingratos, pois o leitor jamais sabe sobre qual pé dançar, nem onde se situa a argumentação. A maior parte dos comentadores mostra uma prudência ou uma vagueza extremas quando se trata de abordá-los e frequentemente se restringem ao caráter mais evidente, isto é, à polêmica com Bergson sobre a natureza do tempo.

Essa oposição é clara e fácil de resumir: a duração bergsoniana é solidária de um contínuo absoluto em que os instantes marcam cortes artificiais, enquanto em Bachelard, ao contrário, o tempo é descontínuo, constituído por instantes distintos, cujos intervalos são vazios. Pode-se ver aí o decalque do conceito de progresso descontínuo, mas isso seria avançar rápido demais nessa reflexão. A questão é diferentemente mais complexa. Em seu leito no hospital, a última fala de Bachelard foi para perguntar à sua filha que horas eram. Poderíamos ver nisso um sinal de que o tempo foi o enigma sem resolução de sua vida.

Em *A intuição do instante*, Bachelard parece afastar-se a contragosto da crença numa duração contínua sob a pressão da teoria da relatividade restrita:

> Fomos despertados de nossos sonhos dogmáticos pela crítica einsteiniana da duração objetiva. Pareceu-nos rapidamente evidente que essa crítica destrói o absoluto daquilo que dura, mesmo guardando, como

veremos, o absoluto daquilo que é, isto é, o absoluto do instante.[147]

Ele apoia-se na relatividade da distância entre dois pontos do espaço-tempo (é o paradoxo dos gêmeos de Paul Langevin: um referencial em repouso não terá o mesmo tempo próprio que um referencial em movimento) para contestar o tempo absoluto de Bergson, mas também para rejeitar a própria noção de duração em proveito daquela de instante, identificado a um ponto do espaço--tempo. Em rigor, essa indução não basta para pôr em causa a continuidade do tempo vivido, nem mesmo do tempo num plano metafísico, e é esse o motivo de os argumentos psicológicos e matemáticos tomarem a vez.

Daniel Parrochia resumiu magistralmente essa "teoria de duas vertentes":

> Por um lado, uma teoria de base física relativista, de inspiração einsteiniana, que faz a duração aparecer como relativa, e o instante, ponto de espaço-tempo, como absoluto. Por outro lado, uma teoria filosófica, que enxerta nesse fundo einsteniano uma representação descontinuísta do tempo, que se baseia ao mesmo tempo em justificativas matemáticas e intuições, digamos, poético-metafísicas.[148]

Essa construção não explica como o tempo objetivo da física, distância homogênea entre dois acontecimentos, se articula a um tempo subjetivo (individual ou coletivo),

---

147. G. Bachelard, *L'Intuition de l'instant*, Paris, Stock, 1966, p. 29. [Ed. bras.: *A intuição do instante*, trad. Antônio de Pádua Danesi, Campinas, Verus, 2007.]

148. D. Parrochia, "Temps bachalerdien, temps einstenien: la critique de la durée bergsonienne", in: F. Worms e J.-J. Wunenburger (Orgs.), *Bachelard & Bergson: continuité et discontinuité*, Paris, PUF, 2008.

que é sempre vivido segundo a heterogeneidade do passado, do presente e do futuro. A solução proposta por Bachelard baseia-se na noção de "ritmo": a consciência discerne o presente, o passado e o futuro por meio do ritmo objetivo dos acontecimentos. Ao admitir a isomorfia dos ritmos objetivos e dos ritmos da consciência, o presente se encontra constituído pela persistência dos ritmos no espírito:

> Um ritmo que permanece imutável é um presente que tem uma duração; esse presente é feito de múltiplos instantes que, de um ponto de vista particular, são assegurados por uma perfeita monotonia. É com tais monotonias que são feitos os sentimentos duráveis que determinam a individualidade de uma alma particular.[149]

Quanto ao passado, é constituído pela ressonância de ritmos desaparecidos: "O ser é um lugar de ressonância para os ritmos dos instantes e, como tal, poderíamos dizer que ele tem um passado, assim como um eco tem uma voz."[150] Por fim, o futuro do espírito deve-se à liberdade de se dessincronizar de ritmos preexistentes ("é o retorno à liberdade do possível, a essas ressonâncias múltiplas nascidas da solidão do ser"[151]), porém ainda mais à capacidade de integrar novos ritmos: "[os instantes] não são fecundos pela virtude das lembranças que podem atualizar, mas pelo fato de que a eles se adiciona uma novidade temporal convenientemente adaptada ao ritmo de um progresso."[152] Essa concepção rítmica do tempo se prevalece

---

149. G. Bachelard, *L'Intuition de l'instant*, op. cit., p. 50.
150. Ibidem, p. 52.
151. Ibidem, p. 67.
152. Ibidem, op. cit., p. 86.

de sua compatibilidade com as análises do sociólogo Maurice Halbwachs sobre a memória coletiva.[153] No entanto, a articulação de um tempo *horizontal* (cronológico) e de um tempo *vertical* (psico-histórico) repousa sobre uma construção metafísica que deixa a desejar em dois pontos: de um lado, a descontinuidade do *tempo* (e não dos fenômenos temporais) não é demonstrada; de outro, ela supõe o reconhecimento de elementos simples (os instantes), o que está em contradição flagrante com a epistemologia *não* cartesiana. Provavelmente foi por isso que, estimulado pela leitura de Pinheiro dos Santos, Bachelard sentiu a necessidade de retomar sua argumentação em *A dialética da duração*.

Para resolver a primeira dificuldade, ele procede a uma *indução*, efetuada dessa vez a partir da mecânica quântica:

> A concepção das durações nas doutrinas da Relatividade aceita ainda a continuidade como um caráter evidente. Essa concepção é, de fato, instruída pelas intuições do movimento. Esse não é o caso na física quântica.[154]

Depois ele inspira-se em Pinheiro dos Santos para esboçar uma ontologia das "vibrações" que remonta dos

---

153. Ibidem, p. 34: "Todo o belo livro de M. Halbwachs sobre 'os quadros sociais da memória' prova que nossa meditação não dispõe de uma trama psicológica sólida, esqueleto da duração morta, em que poderíamos naturalmente, psicologicamente, na solidão de nossa própria consciência, fixar o lugar da recordação lembrada. No fundo, temos necessidade de aprender e reaprender nossa própria cronologia." Mais tarde, Bachelard desejará prolongar a análise do sociólogo numa construção de previsão social: "Reencontramos continuamente a ideia profunda dos quadros sociais da memória que M. Halbwachs expõe em seu admirável livro. Mas o que faz o quadro social da memória não é somente uma instrução histórica, e sim um desejo de devir social." G. Bachelard, *La Dialectique de la durée*, op. cit., p. 46.

154. Ibidem, p. 90.

fenômenos quânticos aos processos biológicos e psíquicos. Essa argumentação não é decisiva: um exame do parâmetro t da mecânica quântica não põe tanto em dúvida a continuidade do tempo quanto a continuidade da *causalidade*, isto é, do elo que vincula a causa ao efeito. Quanto à perspectiva de uma ontogênese vibratória, veremos que Bachelard também não se convenceu pelo valor ontológico da "vibração".

No que diz respeito à segunda objeção, a noção de instante metafísico se vê relativizada e complexificada por raciocínios matemáticos sobre a "potência do contínuo":

> Veríamos então a vantagem que há em falar de *riqueza* e de *densidade* em vez de duração. É com esse conceito de densidade que se pode apreciar justamente essas horas regulares e agradáveis, com esforços bem ritmados, que dão a impressão de tempo normal.[155]

A complexificação opera-se no quadro da descoberta de uma nova dimensão. Os diversos ritmos da existência são assim superpostos na dimensão de um *aprofundamento* temporal: "Essa linha perpendicular ao eixo temporal da simples vitalidade dá precisamente à consciência do presente esses meios de fuga, de evasão, de expansão, de aprofundamento que frequentemente aparentaram o instante presente a uma eternidade."[156] Passando da designação metafórica (o tempo vertical) para sua qualificação como dimensão de aprofundamento, Bachelard entrevê uma metafísica inédita, a das escalas de tempo: "O tempo tem várias dimensões; o tempo tem uma espessura. Ele só aparece contínuo sob certa espessura, graças

---

155.Ibidem, p. 37.
156.Ibidem, p. 95.

à superposição de vários tempos independentes."[157] Entretanto, ele não consegue pensar seu esquematismo. A esse respeito, é lamentável que ele não tenha prestado mais atenção às reflexões de Poincaré sobre a possibilidade de um "contínuo não arquimedesiano"[158], o que teria permitido relacionar suas considerações sobre o tempo com as funções contínuas não diferenciáveis de Buhl, que haviam retido sua atenção a respeito do espaço. Teria sido preciso somente que ele abandonasse o postulado da *diferenciabilidade* do espaço-tempo, em vez de tentar a todo custo demonstrar sua descontinuidade (que é uma questão, em minha opinião, totalmente indecidível). A ritmanálise teria sido então a análise do ritmo segundo as escalas de resolução.

Em sua formulação, ela se limita à análise de certas figuras poéticas do tempo:

> Em todo verdadeiro poema, podemos então encontrar os elementos de um tempo imóvel, de um tempo que não segue a medida, de um tempo a que chamaremos de vertical para distingui-lo do tempo comum, que foge horizontalmente com a água do rio, com o vento que passa. Donde um paradoxo que é preciso enunciar claramente: enquanto o tempo da prosódia é horizontal, o tempo da poesia é vertical.[159]

A ritmanálise não tem a ver com as frequências físicas, mas com os "ritmos vivos" e conserva uma função terapêutica, mais que epistemológica.[160] Um estudo objetivo

---

157. Ibidem, p. 92.
158. Vide J.-C. Chirollet, "Le Continu mathématique 'du troisième ordre' chez Henri Poincaré", in: H. Barreau e J. Hartong (Orgs.), *La Mathématique non standard* (Paris, Éditions du CNRS, 1989), pp. 83-116.
159. G. Bachelard, *Le Droit de rêver*, op. cit., pp. 224-225.
160. Ibidem, p. 244.

dos ritmos é possível, mas é reservado a outra disciplina, a "ritmologia", que esvazia o desafio da continuidade ou da descontinuidade do tempo:

> A ritmologia racionalista não acredita ser necessário aprofundar as relações de um tempo contínuo e de um tempo ritmado. [...] A ritmologia de fato constitui-se como uma correlação de ritmos que oferecem, de certo modo, provas de regularidade.[161]

Tal dissociação significa o abandono da construção metafísica engajada nos escritos sobre o tempo. Ela liquida a embaraçosa hipótese da simplicidade dos instantes, dado que o período do ritmo e o caráter complexo dos osciladores harmônicos determinam a medida do tempo:

> Assim que tomamos como *elemento* o período, assim que lhe atribuímos a forma senoidal como forma *elementar*, todos os fenômenos periódicos, por mais empiricamente arbitrários que sejam, se oferecem a uma análise racional, a uma análise que se pode expressar na linguagem dos números inteiros associados às propriedades das linhas trigonométricas.[162]

É preciso aqui louvar o rigor bachelardiano. Teria sido tentador resolver a questão por meio de um recurso teórico, postulando o valor ontológico da vibração e improvisando uma filosofia da natureza nessa base. Bachelard sentiu o caráter arriscado, para não dizer falacioso, de tal hipótese e tomou cuidado para evitar qualquer equívoco: "Devido à sua sensibilidade entre o

---

161. G. Bachelard, *Le Rationalisme appliqué*, op. cit., p. 187.
162. Ibidem, pp. 191-192.

não suficiente e o *demais*, uma imagem jamais é definitiva; ela vive numa duração trêmula, num ritmo. Todo *valor* luminoso é um ritmo de valores [em nota: Será preciso dizer que não se deve confundir esse ritmo com as vibrações de que falam os físicos?]."[163] Ele soube denunciar o contrabando que constitui o emprego metafórico de um termo científico que não conserva o valor operatório:

> A vulgarização das ciências, ao usar a palavra "vibração" num contexto de conhecimentos vulgares, amputa todo o desenvolvimento matemático da teoria das vibrações luminosas. A fórmula *A luz é uma vibração* tornou-se, dessa forma, um "lugar-comum" da filosofia da natureza.[164]

A ritmanálise incita assim à dupla leitura de uma palavra para operar distinções, muito mais que analogias operatórias, e jamais assimilações. Entretanto, a ritmanálise não é apenas um método de leitura ou o traço de uma metafísica inacabada das escalas. Ela é o método comprovado por ocasião do ato filosófico por excelência: *a meditação*.

A palavra é pouco utilizada e quando o é a torto e a direito. A meditação é uma suspensão da atenção. Bachelard é possivelmente um dos únicos filósofos modernos a propor exercícios espirituais (sem misticismo): ao tomar consciência de que diferentes ritmos estruturam nossa existência, podemos nos elevar a capacidades reflexivas cada vez mais elevadas (eu penso que eu penso que eu penso...), mas também podemos nos desvincular disso, liberar a consciência e chegar,

---

163. G. Bachelard, *La Terre et les rêveries du repos*, op. cit., p. 105.
164. Ibidem, p. 184.

aquém do *ego*, ao puro sentimento da presença que irrompe. Aqui, a reflexão relativista encontra a intuição poética numa meditação sobre a vacuidade do tempo:

Virá do tempo toda essa perspectiva vertical que encima o instante poético? Sim, pois as simultaneidades acumuladas são simultaneidades *ordenadas*. Elas oferecem uma dimensão do instante, dado que lhe dão uma ordem interna. Ora, o tempo é uma ordem e nada mais. E toda ordem é um tempo. A ordem das ambivalências no instante é, portanto, um tempo. E é esse tempo vertical que o poeta descobre quando recusa o tempo horizontal, isto é, o devir dos outros, o devir da vida, o devir do mundo. Eis então as três ordens de experiências sucessivas que devem libertar o ser aprisionado no tempo horizontal:
1) habituar-se a não referir seu tempo próprio ao tempo dos outros — romper os quadros sociais da duração;
2) habituar-se a não referir seu tempo próprio ao tempo das coisas — romper os quadros fenomenais da duração;
3) habituar-se — duro exercício — a não referir seu tempo próprio ao tempo da vida; não mais saber se o coração bate, se a alegria cresce — romper os quadros vitais da duração.
Somente então se atinge a referência autossíncrona, no centro de si mesmo, sem vida periférica. De repente toda horizontalidade plana se apaga. O tempo não corre mais. Ele jorra.[165]

Não se trata de uma experiência religiosa, mas existencial. Solitários, podemos ainda escapar da angústia de maneira racional: libertando-nos dos ritmos supérfluos

---

[165] G. Bachelard, *Le Droit de rêver*, op. cit., pp. 226-227.

que sobrecarregam nosso ser. É a esta última lição de sabedoria que Bachelard nos conduz. Pensador da evolução histórica das ciências, da contemporaneidade filosófica e da perpetuidade imaginária, ele aprofundou a questão do tempo até encontrar no instante um fragmento de eternidade.

IV

O bachelardismo

O "bachelardismo" já tem uma longa história, difícil de ser restabelecida, pois toda reivindicação de filiação sendo sempre incerta, os conceitos foram deformados, por vezes desconhecidos daqueles que os reivindicam, e outras vezes caricaturados pelos que neles buscam uma rejeição teórica fácil, mas também foram transmitidos e amplificados com discernimento, fundando uma verdadeira tradição de pesquisa na filosofia, nas ciências sociais e até mesmo na crítica literária. Examinaremos aqui quase que exclusivamente o horizonte francófono.[1]

A convergência rompida da filosofia científica (1927-1939)

A "filosofia científica" que Bachelard reivindica reúne grandes espíritos a partir dos anos 1930. Filósofos, psicólogos e lógicos formam um grupo com ambição de renovar a filosofia por meio do contato com os progressos recentes da ciência. A figura central dessa rede é

---

1. Para mais informações sobre a recepção de Bachelard em outros contextos, cf. J. Gayon e J.-J. Wunenburger (Orgs.), op. cit. A recepção na Itália e no Brasil mereceria em particular ser abordada. Vide *Cahiers Gaston Bachelard*, n. 4, "Bachelard au Brésil", 2001.

Ferdinand Gonseth (1890-1975), matemático, físico e epistemólogo. Sua "filosofia aberta" é elaborada em paralelo com o racionalismo aberto de Bachelard.[2] Em sua autobiografia intelectual[3], ele enumera os membros desse grupo: Suzanne Bachelard (1919-2007), o filósofo belga Eugène Dupréel (1879-1967), seu colega Marcel Barzin (1891-1969), campeão de xadrez da Bélgica, Raymond Bayer (1898-1960), filósofo fundador da *Revue d'Esthétique*, o físico e filósofo Jean-Louis Destouches (1909-1980), sua mulher na época, Paulette Destouches--Février, que defendeu uma tese orientada por Bachelard, o neokantiano alemão Julius Ebbinghaus (1885-1981), o lógico polonês Alfred Tarski (1901-1983) e seu compatriota historiador das ciências Wladyslaw Tatarkiewicz (1886-1980). O psicólogo e biólogo Jean Piaget (1896--1980) elaborou sua "epistemologia genética" dialogando

---

2. Os conceitos gonsethianos de "horizontes de realidade" são úteis para compreender a epistemologia de Bachelard. Reciprocamente, as ideias--forças da epistemologia helvética são formulações alternativas de teses bachelardianas. Assim, Gonseth destaca quatro princípios do conhecimento no simpósio da Academia Internacional das Ciências (1947): o *princípio de revisibilidade* impõe à ciência o "direito à revisão" dos conhecimentos; trata-se de uma formalização do racionalismo "aberto" à experiência (ele também é chamado de princípio de abertura); o *princípio de tecnicidade* indica que um conhecimento só é estabelecido por meio de um dispositivo experimental muito preciso; ele corresponde à "aproximação" e à necessidade da fenomenotécnica; o *princípio de dualidade* reconhece que nem o racionalismo puro nem o empirismo puro bastam para fundar a ciência, cujo método científico é necessariamente "dialético" — reconhecemos aí a análise do acoplamento entre racionalismo aplicado e materialismo racional; o *princípio de integralidade* (ou de *solidariedade*) aponta que o conhecimento é um todo cujas partes são solidárias e tendencialmente coerentes; trata-se da exigência *trans*racionalista. Gonseth especifica em outros lugares que uma noção só toma sentido segundo um "princípio de engajamento", o que corresponde à difração dos racionalismos regionais. Há, portanto, uma profunda comunhão na maneira de pensar dos dois homens. Cf. *Cahiers Gaston Bachelard*, n. 9, 2007.
3. F. Gonseth, *Mon Itinéraire philosophique*, op. cit., p. 124.

com Bachelard e Gonseth. Chaïm Perelman (1912-1984), futuro fundador da "nova retórica", também dialoga com eles. Uma personalidade destaca-se nesse grupo: Jean Cavaillès (1903-1944), representante da renovação da filosofia da matemática. Bachelard lhe fará uma homenagem admirativa e emocionada:

> Nós nos encontramos pela primeira vez, Jean Cavaillès e eu, no Congresso de Filosofia de Praga, em 1934. Fiquei instantaneamente impressionado com a segurança e a amplitude do saber de meu amigo. Durante as semanas do Congresso Descartes em 1937 não nos desgrudamos um do outro.[4]

Seu colega da Normale Sup' [École Normale Supérieure], Albert Lautman (1908-1944) também sente uma viva admiração pelo filósofo de Bar-sur-Aube. Bachelard saúda com entusiasmo seus trabalhos:

> Agradeço-lhe vivamente pelo envio de suas teses e pelas dedicatórias, que me tocam profundamente. Acabo de ler e estou impressionado pela riqueza das observações. Em todas as páginas se encontra matéria para reflexão. Deixando de lado os cálculos, você soube guardar a ideia. E esse não é um mérito pequeno. Todo filósofo científico sabe que essa é uma dificuldade quase intransponível. Infelizmente, o leitor filósofo não sabe disso e acusa o autor de obscuridade, em vez de se acusar de ignorância. É preciso que mudemos tudo isso. Com que simpatia saúdo em você um representante da jovem equipe que levará a filosofia para as tarefas

---

4. G. Bachelard, *L'Engagement rationaliste*, op. cit., p. 178.

heroicas do pensamento difícil. Ah, se pudéssemos ser uma dezena!⁵

A filosofia científica deve muito à contribuição precoce dos pensadores italianos, pois o "racionalismo experimental"⁶ do matemático Federigo Enriques (1871-1946) *antecipa* em muitos pontos a linha sobre a qual eles irão convergir.

Essa dinâmica europeia é ilustrada por ocasião do Congresso Descartes, que ocorreu na Sorbonne em 1937.⁷ Organizado por Brunschvicg e Bayer, esse congresso internacional de filosofia comportava seis seções, com Bachelard dirigindo aquela dedicada à "Unidade da Ciência", em que participavam Rudolf Carnap (1891- -1970), Otto Neurath (1882-1945) e Hans Reichenbach (1891-1953). Moritz Schlick (1882-1936), assassinado no ano anterior por um estudante de extrema direita, foi representado por um texto. Cavaillès dirigia a seção "Lógica e filosofia matemática", na qual participavam Paul Bernays (1888-1977), Carl Hempel (1905-1997) e Tarski. Destouches dirigia a seção encarregada da epistemologia da física, na qual participava principalmente Louis de Broglie. Esse congresso prometia trocas densas e frutíferas entre duas grandes correntes de pensamento.⁸

---

5. Carta de 11 de janeiro de 1938, in: H. Benis-Sinaceur, "Lettres inédites de Gaston Bachelard à Albert Lautman", *Revue d'Histoire des Sciences*, n. 1, p. 117, 1987.
6. M. Castellana, "Federigo Enriques, Gaston Bachelard et Ferdinand Gonseth: esquisse d'une tradition épistémologique", *Revue de Synthèse*, n. 2, pp. 303-316, 2005.
7. R. Bayer (Org.), *Travaux du IXᵉ Congrès international de philosophie, Congrès Descartes*, Paris, Hermann, 1937.
8. Diferentemente do que foi muito repetido, Cavaillès e Bachelard não ignoravam os trabalhos do Círculo de Viena, mas consideravam que a lógica, ao contrário da matemática, não atinge as estruturas relacionais da realidade e constitui um quadro relativamente estéril para a ciência.

Nada disso ocorreu. A Segunda Guerra Mundial veio interromper as discussões iniciadas. Perseguidos pelo nazismo, os membros do Círculo de Viena emigraram para os Estados Unidos, onde seu empirismo lógico colonizou pouco a pouco os departamentos de filosofia, enquanto do outro lado do Atlântico o desparecimento de Cavaillès e Lautman privava a filosofia continental de seus interlocutores mais qualificados para prosseguir o diálogo. Uma e outra tradição esqueceram-se dessa fase inicial em que tiveram uma causa comum para renovar a filosofia em nome do progresso científico. Essa amnésia é uma das causas da absurda animosidade que reina entre analíticos e bachelardianos.

A "bachelardização" (1): o ensino de Canguilhem (1947-1971)

Designa-se "bachelardização" da filosofia francesa a transmissão do pensamento de Bachelard por Georges Canguilhem (1904-1995). Antes da Segunda Guerra Mundial, Canguilhem era um "alanista", isto é, um discípulo de Émile-Auguste Chartier, dito Alain (1868-1951), cujo pacifismo exercia uma verdadeira influência sobre a juventude. Canguilhem dele se afasta por razões ao mesmo tempo políticas (prioridade dada à luta antifascista) e teóricas (ele se volta para a história das ciências). Ele defende sua tese de medicina em 1943, *Essai sur quelques problèmes concernant le normal et le pathologique*[9] [Ensaio sobre alguns problemas que concernem ao

---

Cf. J. Leroux, "Bachelard et le cercle de Vienne" (*Cahiers Gaston Bachelard*, n. 5, pp. 107-127, 2002).

9. G. Canguilhem, *Essai sur quelques problèmes concernant le normal et le pathologique*, Paris, PUF, 1943.

normal e ao patológico], em que critica o positivismo, manifesta uma inspiração nietzschiana vitalista e conserva do personalismo de seu mestre a atenção dedicada ao indivíduo. Na tese, demonstra sua erudição em história da medicina e da biologia. Depois da guerra, ele ensina na Universidade de Estrasburgo, antes de aceitar uma posição de inspetor geral em 1947. Ele escolhe Bachelard para orientar sua tese de filosofia sobre *La Formation du concept de reflexe au XVIIe et XVIIIe siècles*[10] [A formação do conceito de reflexo nos séculos XVII e XVIII] (1955). O método bachelardiano nela comparece pelo uso de conceitos como "obstáculo epistemológico" e "fenomenotécnica". Apesar de algumas nuanças poderem ser indicadas[11], trata-se de uma aplicação da epistemologia de Bachelard às ciências da vida. Este último o sagra transmitindo-lhe a direção do Institut d'Histoire des Sciences (IHS) em 1955 (afastando com o mesmo gesto Pierre Ducassé [1903-1983], um positivista cuja filosofia das técnicas[12] não deixava, apesar de tudo, de ter relações com a sua). Canguilhem irá institucionalizar o bachelardismo por meio de seus cursos na Sorbonne e no IHS. Aos olhos de seus alunos[13], ele encarnará o rigor em filosofia. Seus artigos sobre Bachelard são notavelmente claros e pertinentes.[14]

Os bachelardianos do pós-guerra serão então, de fato, bachelardo-canguilhemianos. O primeiro, e certamente o mais fiel ao espírito de Bachelard, é François Dagognet (nascido em 1924 [e falecido em 2015]), que, sem ter

---

10. G. Canguilhem, *La Formation du concept de reflexe au XVII et XVIII siècles*, Paris, Vrin, 1955.
11. D. Lecourt, *Georges Canguilhem*, Paris, PUF, 2008.
12. P. Ducasse, *Les Techniques et le philosophe*, Paris, PUF, 1958.
13. P. Bourdieu, *Méditations pascaliennes*, Paris, Seuil, 1997.
14. G. Canguilhem, *Études d'histoire et de philosophie des sciences*, op. cit.

frequentado o ensino secundário[15], defende uma tese em filosofia (sob a orientação de Canguilhem, em 1949) e em medicina (em 1958). Suas obras prolongam a filosofia bachelardiana: *Rematérialiser*[16] [Rematerializar] (1989) atualiza *Le Matérialisme rationnel*, assim como *Réflexions sur la mesure*[17] [Reflexões sobre a medida] (1993) retoma as análises de *Ensaio sobre o conhecimento aproximado*. A atenção que ele dedica ao estudo da imagem (*Philosophie de l'image*[18], 1986) e a objetos ordinariamente julgados como indignos de um tratamento filosófico, além de seu gosto pela pedagogia, atestam uma inspiração bachelardiana. Ele dedicou um livro e vários artigos de referência a Bachelard.[19]

Em seguida, são batalhões de estudantes que se formam na École Normale Supérieure (Normale Sup') junto a Canguilhem na disciplina do bachelardismo. Alguns se tornam os intelectuais mais brilhantes de seu tempo, adaptando a metodologia da epistemologia bachelardiana a outros campos. Michel Foucault (1926--1984), reproduzindo a estratégia de transposição de Canguilhem (que havia aplicado às ciências da vida os conceitos elaborados principalmente em contato com a física e a química), por sua vez transpõe a investigação histórica para os conceitos das ciências do espírito e da psicologia. Se Canguilhem havia questionado a divisão

---

15. Em que pese esse fato, ele seguiu uma dupla formação universitária, filosófica e científica. [N.T.]
16. F. Dagognet, *Rematérialiser: matières et matérialismes*, Paris, Vrin, 1989.
17. F. Dagognet, *Réflexions sur la mesure*, Fougères, La Versanne, Encre Marine, 1993.
18. F. Dagognet, *Philosophie de l'image*, Paris, Vrin, 1986.
19. F. Dagognet, *Gaston Bachelard: sa vie, son œuvre avec un exposé de sa philosophie*, Paris, PUF, 1965. F. Dagognet, "Le problème de l'unité", *Revue Internationale de Philosophie*, n. 150, 1984. F. Dagognet, "Nouveau Regard sur la philosophie bachelardienne", in: J. Gayon e J.-J. Wunenburger (Orgs.), op. cit.

tradicional entre o normal e o patológico, Foucault recusa o caráter normativo da epistemologia: sua tese sobre *História da loucura na Idade Clássica*[20] neutraliza a distinção entre saúde mental e loucura em nome da historicidade das categorias de análise. Sua periodização dos saberes em "epistemes"[21] radicaliza as descontinuidades históricas e afasta-se da perspectiva progressista. Sua "arqueologia" relativiza a autonomia das disciplinas no seio da cultura. Ele reivindica uma independência teórica para a epistemologia de cada ciência. Esses elementos marcam um abandono e não uma retomada do bachelardismo (que defendia a exigência trans-histórica e transracionalista).[22]

Gilbert Simondon (1924-1989) é admitido em 1944 na Normale Sup'. Depois de ter cogitado escolher Bachelard como orientador de tese, trabalha sob a direção de Canguilhem e defende suas duas teses em 1958. A tese principal, *L'Individuation à la lumière des notions de forme et d'information*[23] [*A individuação à luz das noções de forma e de informação*], reconstrói uma filosofia

---

20. M. Foucault, *Folie et déraison: histoire de la folie à l'âge classique*, Paris, Plon, 1961. [Ed. bras.: *História da loucura na Idade Clássica*, trad. José Teixeira Coelho Netto, São Paulo, Perspectiva, 1978.]
21. Episteme: "No pensamento de Foucault (1926-1984), o paradigma geral segundo o qual se estruturam, em uma determinada época, os múltiplos saberes científicos, que por essa razão compartilham, a despeito de suas especificidades e diferentes objetos, determinadas formas ou características gerais [O surgimento de uma nova episteme estabelece uma drástica ruptura epistemológica que abole a totalidade dos métodos e pressupostos cognitivos anteriores, o que implica uma concepção fragmentária e não evolucionista da história da ciência.]" (*Dicionário Houaiss da língua portuguesa*). [N.T.]
22. Foucault reivindica sua filiação a Bachelard, Canguilhem e Cavaillès num texto que permite mensurar a distância entre seu método e o deles: "La vie: l'expérience et la science", *Revue de Métaphysique et de Morale*, n. 1, pp. 3-14, 1985.
23. G. Simondon, *L'Individuation à la lumière des notions de forme et d'information*, op. cit.

da natureza baseada num realismo da relação claramente inspirado pelas análises epistemológicas de Bachelard, mesmo que este tenha sido pouquíssimo citado nela (ele também se inspira no conceito de "normatividade" elaborado por Canguilhem). Em sua tese complementar, *Du Mode d'existence des objets techniques*[24] [*Do modo de existência dos objetos técnicos*], Simondon transpõe a análise bachelardiana das linhagens teóricas às linhagens técnicas, ressaltando em particular as reconfigurações recorrentes que nelas se operam: a "convergência" das funções produz novas sinergias dentro do objeto técnico. Sua teoria do "ciclo da imagem", exposta em 1965[25], prolonga os trabalhos de Bachelard sobre a imaginação, definindo "a imagem" através de um ciclo de desenvolvimento antes, durante e depois de sua percepção.

A estratégia de Pierre Bourdieu (1930-2002) é ambígua, dado que ele troca a filosofia pela sociologia, mas sua pesquisa permanece fiel ao ensino bachelardo-canguilhemiano. Tendo ingressado em 1949 na Normale Sup', quando Canguilhem o convida para elaborar uma tese sob sua orientação, ele se recusa e inicia uma carreira de sociólogo. Essa ruptura com a filosofia é operada em nome da necessária "ruptura epistemológica" destinada a fundar a autonomia da sociologia em relação às categorias que a filosofia aplica ordinariamente ao mundo social. *Ofício de sociólogo*[26] constitui um manual "bachelardiano": a crítica das "prenoções" defendida por

---

24. G. Simondon, *Du Mode d'existence des objets techniques*, Paris, Aubier, 1958.
25. G. Simondon, *Imagination et invention (1965-1966)*, Paris, La Transparence, 2008.
26. P. Bourdieu, J.-C. Chamboredon e J.-C. Passeron, *Le Métier de sociologue: préalables épistémologiques*, Paris, Mouton de Gruyter, 1968. [Ed. bras.: *Ofício de sociólogo: metodologia da pesquisa na sociologia*, trad. Guilherme João de Freitas Teixeira, Petrópolis, Vozes, 2004.]

Émile Durkheim (1858-1917) é apresentada como a dissolução dos obstáculos epistemológicos e os procedimentos de objetivação quantitativa como uma ruptura com o senso comum. A "sociologia da sociologia" aparenta-se a uma "vigilância racionalista". *Science de la science et Réflexivité*[27] [*Ciência da ciência e reflexividade*] lembra o que a prática bourdieuniana da sociologia deve a Bachelard.

Durante algum tempo Michel Serres (nascido em 1930) pareceu ser um digno continuador do bachelardismo, mas depois dele distanciou-se. Sua formação de engenheiro, formado na Escola Naval em 1949, a integração à Normale Sup' em 1952 e a admissão como professor de filosofia em 1955 paramentavam-no com todas as marcas de excelência exigíveis para reproduzir a trajetória do mestre. Em 1968, ele defende sua tese sobre *Le Système de Leibniz et ses modèles mathématiques*[28] [*O sistema de Leibniz e seus modelos matemáticos*] e trabalha com objetos próximos à epistemologia. Contudo, excetuando-se *Hermès 1*[29], suas análises nunca serão bachelardianas. Por um lado, ele reivindica uma circulação das ideias muito mais fluida que a evolução irreversível das linhagens teóricas (em seu livro *La Naissance de la physique dans le texte de Lucrèce*[30] [*O nascimento da física no texto de Lucrécio*], de 1977, o atomismo antigo encontra um valor científico à luz da mecânica dos fluidos); por outro, recusa a estrita divisão entre o conteúdo racional da ciência e a literatura. Sua crítica do caráter

---

27. P. Bourdieu, *Science de la science et réflexivité*, Paris, Raison d'Agir, 2001.
28. M. Serres, *Le Système de Leibniz et ses modèles mathématiques*, Paris, PUF, 1968.
29. M. Serres, *Hermès I: la communication*, Paris, Minuit, 1969.
30. M. Serres, *La Naissance de la physique dans le texte de Lucrèce: fleuves et turbulences*, Paris, Minuit, 1977.

"moralista" inerente à epistemologia bachelardiana[31] é acompanhada por uma polêmica a respeito da bomba atômica: enquanto Bachelard dedica ao progresso científico um amor imaculado e recusa-se a confundir os valores científicos com valores tecnológicos utilitários ou, pior ainda, com uma vontade de poder militar, Serres estima que a responsabilidade da ciência encontra-se engajada, pois ela torna possível o desenvolvimento da tecnologia nuclear. Nas entrevistas que concede a Bruno Latour[32], acaba por denegrir a epistemologia de Bachelard, que ele critica por ser uma paráfrase diferida da ciência.

Alguns discípulos de Canguilhem exploraram outra via, menos especulativa e certamente mais em concordância com as expectativas do mestre, a de uma disciplinarização da história das ciências. Camille Limoges (nascido em 1942) será o primeiro a aplicar o método canguilhemiano à teoria da evolução em sua tese (orientada por Canguilhem) sobre a constituição do conceito de seleção natural em Darwin[33] (1968). Depois, Claude Debru (nascido em 1944), que ingressou na Normale Sup' em 1965, se forma em físico-química biológica antes de elaborar uma tese sob a orientação de Canguilhem em 1974, e outra orientada por Dagognet em 1982 — primeiramente ele trabalha na história da bioquímica[34] e depois se debruça sobre as problemáticas mais contemporâneas (as biotecnologias ou a neurofisiologia do cérebro) e aproxima-se das ciências cognitivas.

---

31. M. Serres, "La Réforme et les sept péchés", in: *L'Interférence*, Paris, Minuit, 1972.
32. M. Serres, Éclaircissements: *entretiens avec Bruno Latour*, Paris, Bourin, 1992.
33. C. Limoges, *La Sélection naturelle: étude sur la première constitution d'un concept (1837-1859)*, Paris, PUF, 1970.
34. C. Debru, *L'Esprit des protéines: histoire et philosophie biochimiques*, Paris, Hermann, 1985.

Jean Gayon (nascido em 1949) também se inscreve na trilha de um canguilhemismo, desviando-se da parte mais especulativa da herança de Bachelard para dedicar-se à história das ciências. Depois de sua tese de filosofia (orientada por Dagognet), trabalha com a história da teoria da evolução[35]; em seguida, preocupado em desenvolver a filosofia da biologia na França, liga-se à sua variante analítica. Conduz essa mudança no instituto da rue du Four (IHS, que, em 1992, se torna Institut d'Histoire et de Philosophie des Sciences et des Techniques [IHPST]), doravante amplamente dominado pela filosofia analítica.

Michel Blay (nascido em 1948) também se liga à tradição bachelardiana da história das ciências (ele seguiu os cursos de Suzanne Bachelard no IHS), mas de modo menos permeável às influências anglo-saxônicas. Diretor da *Revue d'Histoire des Sciences* e historiador da física, ele inspira-se nos *Études de l'évolution d'un problème de physique: la propagation thermique dans les solides* para a elaboração de seu estudo da história da mecânica dos fluidos, *La Science du mouvement des eaux*[36] [*A ciência do movimento das águas*].

Também seria preciso mencionar os múltiplos efeitos de campo em inúmeros filósofos maiores, tais como Maurice Merleau-Ponty (1908-1961), que retoma as análises de Bachelard em seu curso no Collège de France de 1956-1957 sobre *A natureza*[37], ou mais discretos, como Jean-Claude Pariente (nascido em 1930), que se liga a Bachelard por meio de trabalhos sobre a ciência e escritos sobre a poesia, assim como pelos estudos que a

---

35. J. Gayon, *Darwin et l'après-Darwin: une histoire de l'hypothèse de la sélection dans la théorie de l'évolution*, Paris, Kimé, 1992.
36. M. Blay, *La Science du mouvement des eaux: de Torricelli à Lagrange*, Paris, Belin, 2007.
37. M. Merleau-Ponty, *La Nature*, Paris, Seuil, 1995. [Ed. bras.: *A natureza*, trad. Álvaro Cabral, São Paulo, Martins Fontes, 2000.]

ele dedicou.[38] Resta ressaltar que inúmeros professores de filosofia do ensino médio fazem referência a seus trabalhos epistemológicos.

A "bachelardização" (2): a epistemologia marxista de Althusser (1948-1980)

Em 1948, Canguilhem faz uma visita a Georges Gusdorf (1912-2000) na École Normale Supérieure. Ora, este cedia a vez a Louis Althusser (1918-1990), filósofo engajado ao Partido Comunista, que iria exercer uma influência decisiva em gerações de *normaliens*. Esse encontro poderia ter sido um insucesso. Canguilhem era conhecido por seu forte anticomunismo e Althusser era ignorante sobre a história das ciências. Canguilhem relata assim esse encontro:

> Ocorre que não lhe pareci por demais reacionário, assim como ele não me pareceu muito limitado, muito intolerante. Sendo assim, nos entendemos mais ou menos bem.[39]

Os dois encontraram um terreno comum, sobretudo assim que Canguilhem deixou seu cargo de inspetor acadêmico para ocupar uma cadeira na Sorbonne. Ele baseia-se nos trabalhos de Althusser para elaborar sua crítica da "ideologia científica"[40], enquanto os comentadores

---

38. Principalmente em J.-C. Pariente, "Rationalisme et ontologie chez Gaston Bachelard", in: G. Lafrance (Org.), *Gaston Bachelard: profils épistémologiques*, Ottawa, Presses de l'université d'Ottawa, 1987, pp. 25-46.
39. G. Canguilhem, "Entretien avec Georges Canguilhem", in: Collectif, *Actualité de Georges Canguilhem: le normal et le pathologique*, Paris, Le Plessis-Robinson, Synthélabo, 1998, p. 127.
40. G. Canguilhem, *Idéologie et rationalité dans les sciences de la vie*, Paris, Vrin, 1977.

de *O capital*, reunidos em torno de Althusser, invocam a autoridade de Bachelard para estabelecer um "corte epistemológico" que possa garantir o estatuto "científico" do materialismo histórico de Marx. Esse "corte epistemológico" é uma criação de Althusser, uma descontinuidade fundadora a partir da qual uma disciplina seria assegurada de sua cientificidade (assim, Marx aparece como um fundador de ciência, comparável a Galileu e a Lavoisier).[41] Isso não acontece num espírito de *ruptura* que opera de modo recorrente e regional. De fato, o "corte" lembra mais as análises de Alexandre Koyré (1892-1964), para quem a evolução da ciência é solidária com as grandes revoluções espirituais que transformam a visão do mundo.[42]

A trajetória de Dominique Lecourt (nascido em 1944) ilustra melhor que qualquer outra a fecundidade e os impasses da aproximação entre o materialismo histórico e a epistemologia bachelardiana. Tendo integrado a École Normale Supérieure em 1965 e seguido os cursos de Althusser, Lecourt decide redigir sua dissertação de mestrado sobre Bachelard. Althusser o recomenda a Canguilhem, que se deixa convencer e depois considera seu trabalho notável, a ponto de promover sua publicação: *L'Épistémologie historique de Gaston Bachelard*[43] [*A epistemologia histórica de Gaston Bachelard*]. O livro continua a ser uma excelente introdução à obra epistemológica de Bachelard; no entanto, é marcado pelo contexto marxista, como pode ser visto pela denominação de epistemologia "histórica":

---

41. L. Althusser, *Lire le Capital*, Paris, Maspéro, 1968, p. 16.
42. A. Koyré, *Du Monde clos à l'univers infini*, Paris, Gallimard, 1958. [Ed. bras.: *Do mundo fechado ao universo infinito*, trad. Donaldson Garschagen, Rio de Janeiro, Forense Universitária, 2001.]
43. D. Lecourt, *L'Épistémologie historique de Gaston Bachelard*, op. cit.

Eu não tinha nenhuma intenção de apresentar uma "interpretação marxista" de Bachelard. Só queria testar a interpretação althusseriana de Marx, examinando aquilo que havia apresentado como a base epistemológica de sua obra.[44]

Em seguida, Lecourt escreve sua tese, sob a orientação de Dagognet. Em *Pour une Critique de l'épistémologie*[45] [*Por uma crítica da epistemologia*], ele analisa os méritos do bachelardismo e suas insuficiências comparadas ao materialismo histórico; valoriza sobremaneira o trabalho de Canguilhem e denuncia a arqueologia foucaultiana. Suas análises radicalizam-se na obra *Bachelard: le jour et la nuit*[46], em que interpreta dialeticamente o desajuste entre a filosofia das ciências e a filosofia da imaginação, no estilo das leituras "sintomáticas" feitas por Althusser. Em seguida, Lecourt se afasta dele e reata com uma linha bachelardo-canguilhemiana. Sua trajetória evidencia como a epistemologia bachelardiana é incompatível com a justificativa de uma "ciência histórica" marxista.

Quando Lucien Sève (nascido em 1926) denuncia a influência do bachelardismo[47], a assimilação deste à hibridação dos conceitos de Canguilhem e de Althusser já estava tão completa que sua crítica nada tinha a ver com Bachelard. Entretanto, este não é o lugar, nem nossa intenção, de reduzir essa corrente de pensamento a um contrassenso: as reflexões efetuadas por Michel Fichant (nascido em 1941) sobre a história das ciências, ou por

---

44. D. Lecourt, "Postface à la onzième édition", in: *L'Épistemologie historique de Gaston Bachelard*, op. cit., p. 115.
45. D. Lecourt, *Pour une Critique de l'épistémologie: Bachelard, Canguilhem, Foucault*, Paris, Maspéro, 1972.
46. D. Lecourt, *Bachelard: le jour et la nuit*, op. cit.
47. L. Sève, *Marxisme et théorie de la personnalité*, Paris, Éditions Sociales, 1974, pp. 342-343.

Pierre Macherey (nascido em 1938) sobre o objeto da ciência, não são desprovidos de interesse de um ponto de vista bachelardiano. As teses defendidas pelo próprio Althusser apresentam aspectos bachelardianos: a afirmação de que a ciência é "o que fornece o objeto à filosofia para pensar" está na mesma linha do pensamento indutivo; a elaboração da noção de "filosofia espontânea do cientista"[48] esclarece os pontos que haviam sido deixados em suspenso pela psicanálise do conhecimento. Por outro lado, a advertência de Pierre Raymond, em *L'Histoire et les sciences*[49], contra as ilusões de recorrência fora das ciências matemáticas, ressalta uma dificuldade que não poderíamos ignorar.

Por fim, é preciso notar que outra aproximação entre o materialismo histórico e a obra de Bachelard foi operada de maneira sutil e certamente mais pertinente por Jean-Toussaint Desanti (1914-2002). Sua reflexão é em primeiro lugar elaborada por meio da confrontação do materialismo e da fenomenologia husserliana, mas ela também implica uma relação com Bachelard:

> Aí está uma parte, e não a menor, do ensino de G. Bachelard. Ou se cala sobre uma ciência, ou então se fala dela a partir de seu interior, isto é, praticando-a.[50]

Assim, ele soube retomar o espírito rigoroso da "filosofia científica" de Cavaillès e de Lautman, sempre sublinhando a necessidade de uma perspectiva histórica:

> Precisaríamos, com Bachelard, aprender a seguir o discurso sinuoso, a balizar os longos atoleiros e as bruscas

---

48. L. Althusser, *Philosophie et philosophie spontanée des savants*, Paris, Maspéro, 1967.
49. P. Raymond, *L'Histoire et les sciences*, Paris, Maspéro, 1975.
50. J.-T. Desanti, *La Philosophie silencieuse*, Paris, Seuil, 1975, p. 108.

rupturas, os obstáculos e as rejeições, cujo encadeamento permitiu a emergência dos conceitos que, em sua calma unidade, nos parecem constituir atualmente a trama oferecida da ciência.[51]

Essa linha de pesquisa prolonga-se na obra de Maurice Caveing (*Le Problème des objets dans la pensée mathématique*[52] [*O problema dos objetos no pensamento matemático*]). Outro discípulo de Desanti, Bernard Besnier (nascido em 1943 [e falecido em 2015]), transmitiu essa exigência racionalista na École Normale Supérieure de Fontenay-aux-Roses.

A bachelardização (3): Barthes e a nova crítica literária (1915-1980)

Os trabalhos noturnos de Bachelard foram inicialmente considerados como distrações e atraíram a ira de alguns colegas que pensavam que ele atentava contra a seriedade acadêmica. Ele teve um discípulo: professor de filosofia, Gilbert Durand (nascido em 1921 [e falecido em 2012]) começa uma tese sob sua orientação em 1947. Nela, opera a síntese dos trabalhos de Bachelard com os de Carl Jung e de Henri Corbin, em *Les Structures anthropologiques de l'imaginaire*[53] [*As estruturas antropológicas do imaginário*]. Ele sistematiza os conceitos bachelardianos para refundar uma antropologia do imaginário com base em duas hipóteses, uma sobre a origem do imaginário e outra sobre a organização de seu conteúdo. A primeira é que o imaginário

---
51. J.-T. Desanti, *Les Idéalités mathématiques*, Paris, Seuil, 1968, p. 286.
52. M. Caveing, *Le Problème des objets dans la pensée mathématique*, Paris, Vrin, 2004.
53. G. Durand, *Les Structures anthropologiques de l'imaginaire*, Paris, Bordas, 1960.

constitui uma proteção diante da angústia existencial da morte. A segunda propõe classificar os símbolos em três tipos de estruturas: estruturas esquizomórficas, místicas e sintéticas. A esquizomorfia diz respeito ao regime diurno da imagem, enquanto a isomorfia das estruturas místicas e sintéticas diz respeito ao regime noturno. Cada regime possui suas leis de combinações próprias e suas "lógicas" de circulação. No regime diurno as imagens se reagrupam segundo o princípio de identidade e se opõem por contradição ou exclusão. No regime noturno, ao contrário, procedem por assimilação e superposição com base em similitudes e em analogias vagas. Essa obra tem um caráter operatório que inspira práticas de campo. Ela disseminou-se em inúmeros países, como pode ser constatado pela criação de múltiplos Centros de Pesquisa sobre o Imaginário.

Apesar da amizade com muitos poetas, Bachelard não teve o sentimento de que seus escritos sobre a imaginação poética tenham sido apreciados por seu justo valor. Apesar disso, pouco antes de sua morte uma nova geração de literatos apoderou-se deles. O erudito estudo *La Révolution de Gaston Bachelard en critique littéraire* [*A revolução de Gaston Bachelard na crítica literária*], de Vincent Therrien, mostra a influência decisiva de sua obra sobre a crítica literária nos anos 1950-1960. Os adeptos do formalismo russo (Tzvetan Todorov, Gérard Genette, etc.) recusaram-se a integrar a imaginação "material" em suas análises, mas um grande número de trabalhos traz o traço de uma leitura atenta de Bachelard, a ponto de que se falava de um "método Bachelard", isto é, "de uma crítica de imanência e um procedimento temático que resulta na apreensão do universo estruturado próprio a cada escritor".[54] Dentre os que lhe professa-

---

54. V. Therrien, *La Révolution de Gaston Bachelard en critique littéraire*, Paris, Klincksieck, 1970, p. 24.

vam admiração, o mais conhecido é o semiólogo Roland Barthes (1915-1980):

> Partindo de uma análise das substâncias (e não das obras), seguindo as deformações dinâmicas da imagem em três poetas, G. Bachelard fundou uma verdadeira escola crítica, tão rica que podemos afirmar que a crítica em nossa época se encontra em sua forma mais desenvolvida, de inspiração bachelardiana.[55]

Ele faz referência ao grupo de Genebra, que conta em suas fileiras com Georges Poulet (1902-1991), Jean Rousset (1910-2002), Jean-Pierre Richard (nascido em 1922) e Jean Starobinski (nascido em 1920).

Em *Mitologias*[56], Barthes critica os estereótipos da cultura "pequeno-burguesa" à maneira da psicanálise do conhecimento. Mas é em seus trabalhos sobre a literatura (*Crítica e verdade*[57]) que aponta o valor operatório dos conceitos de Bachelard:

> O tema é uma noção que foi bem analisada por Gaston Bachelard na literatura; ele designa uma imagem dinâmica que une, por uma espécie de mimetismo difuso, o leitor (de um poema ou de uma figura) a um estado simples da matéria; se a imagem é leve, ou vaporosa, ou brilhante, ou, mais exatamente, se ela se apresenta como a ilustração estudada do Leve, do Vaporoso, do Brilhante, seu consumidor se torna também Leveza, Vapor, Brilho.[58]

---

55. R. Barthes, "Les Deux Critiques", in: *Œuvres complètes*, Paris, Seuil, 1994, p. 1352.
56. R. Barthes, *Mythologies*, Paris, Seuil, 1957. [Ed. bras.: *Mitologias*, trad. Rita Buongermino e Pedro de Souza, São Paulo, Difel, 1975.]
57. R. Barthes, *Critique et vérité*, Paris, Seuil, 1966. [Ed. bras.: *Crítica e verdade*, trad. Leyla Perrone-Moisés, São Paulo, Perspectiva, 2013.]
58. R. Barthes, "Le Corps", in: *Œuvres complètes*, op. cit., p. 514.

Que a lei de isomorfia seja adotada por um líder da corrente estruturalista basta para mostrar a indigência das acusações de pontilhismo dirigidas contra Bachelard. No entanto, para Barthes esse método remete antes de tudo aos tópicos da retórica antiga[59] e sua convergência com Bachelard resulta de uma técnica comum (a classificação de fichas por tema), mais que de uma influência direta:

> Essa temática nada devia a Bachelard, pelo bom motivo de que eu não o havia lido — o que não me pareceu uma razão suficiente para protestar a cada vez que se vinculou o *Michelet* a Bachelard: por que eu teria recusado Bachelard?[60]

O grupo de Genebra liga-se a Bachelard de diferentes maneiras. Poulet rejeita a abordagem formalista da crítica textual em proveito do estudo da consciência do autor, em particular por meio da percepção da duração (*Études sur le temps humain*[61] [*Estudos sobre o tempo humano*]). Embora se refira a muitos arquétipos e mitos, ele prefere o método "fenomenológico", que examina um conjunto de imagens literárias encontrando o ato de consciência que as engendrou. Sua análise da consciência do crítico é notavelmente próxima das análises de Bachelard:

> A literatura tomada num certo sentido — que talvez seja o mais importante deles —, é justamente isso que o método bachelardiano atinge e explora: um conjunto de imagens que se trata de apreender no próprio ato pelo qual a consciência imaginadora os engendra. Dessa forma, o método de Bachelard mostra-se o procedimento

---

59. R. Barthes, "L'Ancienne rhétorique", in: *Œuvres complètes*, op. cit., p. 943.
60. R. Barthes, "Réponses", in: *Œuvres complètes*, op. cit., p. 1312.
61. G. Poulet, *Études sur le temps humain*, Paris, Plon, 1959.

mais justo na crítica literária. De fato, o que faz esta última se não *assumir* a imaginação de outrem, retomá-la por conta própria no ato pelo qual ela engendra suas imagens? Ora, essa substituição de um *cogito* por outro *cogito* só pode ser efetuada se, primeiramente, sem reserva, na admiração que lhe inspira o mundo imaginário que ela estuda, ela se identifica com este e com seu autor, num movimento de comunhão, idêntico ao mais generoso entusiasmo.[62]

No início, Jean Starobinski também praticou com virtuosidade um método que podemos chamar de "ritmanalítico", dado que consiste em alternar dois pontos de vista no comentário de uma obra, um dedicado à sua restituição por um olhar interno (de modo quase fenomenológico) e outro dominando, considerando a estrutura global como a expressão de forças subjacentes e que não se furta a invocar a psicanálise. Ainda aqui se sente o benefício do método bachelardiano que, sem frear a liberdade do intérprete de mudar à vontade de referencial, enquadra-o por uma covariância relativista. As reflexões de Starobinski sobre a articulação do dia e da noite mostram que ele estava consciente da dimensão epistemológica (por analogia) da crítica literária.[63]

Rousset dedicou-se à reabilitação da poesia barroca francesa.[64] Ele pôs em relevo as imagens oníricas que estruturam em profundidade a narrativa ou o poema, tomando um sentido preciso em cada autor, por exemplo, o "muro" em Paul Claudel. Não obstante, ele não emprega a noção de "complexo" e não faz menção explícita

---

62. G. Poulet, "Gaston Bachelard et la conscience de soi", *Revue de Métaphysique et de Morale*, n. 1, p. 26, 1965.
63. J. Starobinski, op. cit.
64. J. Rousset, *La Littérature à l'âge baroque en France: circé et le paon*, Paris, José Corti, 1954.

a Bachelard. O mesmo não ocorre com Richard, que teoriza uma crítica "total", isto é, examinando a obra em todos os níveis de análise (semiológica, morfológica, sintática, simbólica ou mítica), tratando de nela identificar o impulso criador inicial. Seus estudos sobre Stendhal, Flaubert ou Proust insistem no fundo material de "sensações" a partir do qual se retraça a cartografia do "universo imaginário" de um escritor. Em seus estudos sobre Gérard de Nerval (*Poésie et profondeur*[65]), ele dá grande importância ao *devaneio* como motor da criação literária. Define então, na mesma linha de *Lautréamont*, o método bachelardiano da crítica literária como consistindo em esboçar um "catálogo objetivo dos principais complexos imaginários", revelados por uma sintaxe de metáforas, "por meio das quais a linguagem poética sonha o objeto, inventa-o e nos exprime".[66]

A fraca recepção de Bachelard em língua inglesa (1949-2000)

O declínio do bachelardismo na França nos anos 1980 coincide com a importação de duas correntes de pensamento norte-americanas: a filosofia analítica e o "socioconstrutivismo". Compreende-se melhor a profunda desorientação que esses movimentos produziram quando se tem conhecimento da raridade e do atraso das traduções inglesas sobre a epistemologia: *The Philosophy of No*[67] em 1968, *The New Scientific Spirit*[68] em

---

65. J.-P. Richard, *Poésie et profondeur*, Paris, Seuil, 1955.
66. J.-P. Richard, *L'Univers imaginaire de Mallarmé*, op. cit., p. 29.
67. G. Bachelard, G. *The Philosophy of No: A Philosophy of the New Scientific Mind*, Nova York, Orion, 1968.
68. G. Bachelard, *The New Scientific Spirit*, Boston, Beacon, 1985.

1985. Por outro lado, certos filtros ideológicos foram um impedimento: a tradução de *L'Épistemologie historique de Gaston Bachelard* e de *Pour une Critique de l'épistémologie*, de Lecourt, num volume intitulado *Marxism and Epistemology: Bachelard, Canguilhem, Foucault*[69] (1975), explica por que Bachelard passa por marxista aos olhos dos norte-americanos.[70]

Quando certos historiadores ou filósofos se aventuraram a ler as obras de Bachelard, certamente não encontraram uma teoria marxista da ciência, mas, sim, aquilo que perceberam como a prefiguração do socioconstrutivismo que se desenvolveu em reação ao modelo abstrato do positivismo lógico.[71] Poucos leitores detectaram a originalidade de seu pensamento racionalista, que torna compatíveis a filosofia, a história das ciências e a sociologia das práticas científicas. Stephen Gaukroger inicia sua carreira de historiador das ciências com um belo artigo: "Bachelard and the Problem of Epistemological Analysis".[72] Em *Bachelard: Science and Objectivity*[73], Mary Tiles apresenta com clareza a problemática do conhecimento aproximado. Seu estudo sobre a epistemologia *não* cartesiana pormenoriza a relação com o pragmatismo e caracteriza com lucidez a proximidade enganosa com o socioconstrutivismo.[74] Se foram os britânicos que

---

69. D. Lecourt, *Marxism and Epistemology: Bachelard, Canguilhem, Foucault*, Londres, New Left, 1975.
70. Montefiore em M. Tiles, *Bachelard: Science and Objectivity*, Cambridge, Cambridge University Press, 1984, p. XI.
71. T. Castelão-Lawless, "La Philosophie scientifique de Bachelard aux États-Unis: son impact et son défi pour les études sur la science", in: J. Gayon e J.-J. Wunenburger (Orgs.), op. cit., p. 83.
72. S. Gaukroger, "Bachelard and the Problem of Epistemological Analysis", *Studies in History and Philosophy of Science*, v. 7, n. 3, pp. 189-244, 1976.
73. M. Tiles, *Bachelard: Science and Objectivity*, op. cit.
74. M. Tiles, "Technology, Science, and Inexact Knowledge: Bachelard's Non-Cartesian Epistemology", in: G. Gutting (Org.), *Continental*

melhor compreenderam a filosofia científica de Bachelard e perceberam sua utilidade para se orientar nos debates que agitam o meio acadêmico anglo-saxão, isso decerto ocorreu porque o bachelardismo só podia ser acolhido favoravelmente na periferia desse campo, "por marginais que transgridem os limites de sua língua, de sua cultura, de sua disciplina, dos sistemas de pensamento em curso, e que aceitam se abrir para a diferença, em suma, por aqueles que já compartilham — mas sem sabê-lo — os valores bachelardianos".[75]

A crise do bachelardismo (1): a voga do socioconstrutivismo (1972-1996)

A inflação da referência a Bachelard nos anos 1970 se acompanhava de uma deturpação. Aceitando como óbvio que os progressos epistemológicos são produzidos por rupturas e que os fatos científicos são "construídos", sem perceber as outras implicações do bachelardismo (o valor indutivo da matemática, o papel dos instrumentos fenomenotécnicos e a recorrência das linhagens teóricas, por exemplo), poder-se-ia acreditar que se tratava de um pensamento "relativista" da história das ciências ("relativista" no sentido em que a ausência de referencial absoluto para comparar duas teorias as tornaria *incomensuráveis*). A recepção do livro *The Structure of Scientific Revolutions* (1962, traduzido para o francês em 1972)[76], de

---

Philosophy of Science, Malden, MA, Blackwell, 2005, pp. 155-175.
75. M. McAllester-Jones, "Bachelard et les deux cultures", in: J. Gayon e J.-J. Wunenburger (Orgs.), op. cit., p. 147.
76. T. Kuhn, *La Structure des révolutions scientifiques*, Paris, Flammarion, 1972. [Ed. bras.: *A estrutura das revoluções científicas*, trad. Beatriz Vianna Boeira e Nelson Boeira, São Paulo, Perspectiva, 1975.]

Thomas Kuhn (1922-1996), revela esse desconhecimento.[77] De um lado, filósofos acreditavam reconhecer na "mudança de paradigma" uma confirmação das análises bachelardianas. De outro, sociólogos celebravam uma novidade radical.[78] O "programa forte" (*Strong Programme*), defendido pela escola de Edimburgo (David Bloor, Barry Barnes), priorizou a construção "social" dos fatos científicos, impôs o princípio de simetria às análises (para explicar os sucessos e os erros da ciência pelos mesmos fatores) e sugeriu a ideia de que a compreensão da ciência poderia se abster do ponto de vista dos epistemólogos, que, no limite, era contraproducente, na medida em que tomava por adquirido aquilo cuja gênese precisava ser explicada (a legitimidade da ciência sancionada).

O enfraquecimento do bachelardismo favoreceu a importação do programa forte e tornou possível a voga do socioconstrutivismo[79], focalizando as pesquisas sobre as controvérsias e as práticas da ciência. Disso resultaram trajetórias de contrabando entre as duas margens do Atlântico, sendo a mais emblemática a de Bruno Latour (nascido em 1947). Esse pensador inclassificável segundo o quadro das disciplinas (ele reivindica múltiplas posições, dependendo do interlocutor) soube aproveitar a efervescência "pós-moderna" transatlântica para impor de bom grado um estilo provocador na antropologia das ciências. Em seus primeiros trabalhos, ele reivindica uma

---

77. O risco de confusão é analisado em D. Lecourt, *Bachelard: le jour et la nuit*, op. cit., pp. 149-162.
78. É certo que o livro de Ludwig Fleck *Genèse et développement d'un fait scientifique* [*Gênese e desenvolvimento de um fato científico*] (1935) deveria há muito ter aberto a via para o estudo dos "coletivos de pensamento", mas ele só foi traduzido para o francês (prefácio de Ilana Löwy, posfácio de Bruno Latour, traduzido do alemão por Nathalie Jas, Paris, Les Belles Lettres) em 2005!
79. J. Golinski, *Making Natural Knowledge: Constructivism and the History of Science*, Chicago, University of Chicago Press, 2005.

certa filiação com Bachelard, mas sua retórica da "construção" introduz uma ambiguidade exatamente onde o raciocínio bachelardiano era bem lúcido: que os fenômenos de laboratório estudados por cientistas sejam produzidos por meio da técnica e que a experimentação consista em estudar seus *efeitos*, e não "fatos" observados, não implica de modo algum a contingência das estruturas matemáticas da realidade física; também não implica que os conceitos assim elaborados tenham um estatuto idêntico ao de outras construções sociais mais contingentes (opiniões políticas, convicções religiosas, etc.). O *tour de force*, no plano sofístico, consiste em promover deslizamentos semânticos entre os fenômenos objetivados e sua representação para um ganho de "realismo".

A crise do bachelardismo (2): a importação da filosofia analítica (1980-2000)

A tão longa ausência de diálogo entre a tradição de pesquisa bachelardiana e os trabalhos analíticos foi outra causa da crise do bachelardismo. Apesar dos trabalhos de Blanché, Vuillemin, Granger e Bouveresse[80], a filosofia da lógica havia sofrido uma depreciação indigna. Por isso a filosofia analítica oferecia à nova geração a excitação da novidade, a satisfação do espírito de rigor, a perspectiva de dialogar com o campo anglo-saxão e a tentação de começar vida nova — alguns não hesitaram em dizer que Bachelard era responsável por "cinquenta anos de atraso da filosofia francesa das ciências"...

---

80. Robert Blanché (1898-1975), filósofo francês; Jules Vuillemin (1920-
-2001), filósofo francês, professor no Collège de France; Gilles-Gaston
Granger (nascido em 1920 [e falecido em 2016]), filósofo francês, professor no Collège de France; Jacques Bouveresse (nascido em 1940), filósofo francês, professor no Collège de France.

No final dos anos 1980, assistimos à inversão da relação de força acadêmica entre os epistemólogos continentais e a filosofia analítica aliada às ciências cognitivas. A rejeição em bloco da "filosofia continental" implicava a liquidação do bachelardismo. Em vez de tirar partido das concepções dinâmicas da epistemologia trans-histórica, os analíticos produziram raciocínios bem informados sobre a coerência lógica da estrutura das teorias, deixando de lado as dimensões material, técnica e social, assim como a dinâmica recorrente da ciência. Uma colaboração frutífera, que conjuga a elucidação analítica ao esclarecimento trans-histórico ainda resta ser feita.

O bachelardismo hoje: herança filosófica e surracionalismo

Bachelard está traduzido em treze línguas. As referências à sua obra, mesmo que marginais ou imprecisas, nunca estiveram tão presentes no campo internacional das ciências sociais, das humanidades e da filosofia. Uma ferramenta bibliométrica como Web of Science, por mais imperfeita que seja para apreender as dinâmicas desses campos (que frequentemente se baseiam mais na intertextualidade dos livros que na dos artigos), mostra um crescimento das citações no nível mundial.[81] Também

---

81. Veja-se o número médio de citações por ano para cada decênio: para os anos 1950-1959: 1; para os anos 1960-1969: 4; para os anos 1970--1979: 44; para os anos 1980-1990: 94; para os anos 1990-1999: 94; para os anos 2000-2009: 112. A base de dados da Web of Science permanece centrada nas revistas anglo-saxãs; entretanto, ela permite que se tenha uma ideia da difusão mundial do pensamento de Bachelard por meio da repartição linguística dos artigos que o citam: 60% em inglês, 23% em francês, 6,5% em espanhol, 4% em alemão, 3% em italiano e 2% em português. Se julgarmos pelas traduções, essa conta

evidencia que o filósofo da imaginação é mais conhecido que o filósofo das ciências.[82]

Em que pese tudo isso, nós nos concentraremos naquilo que está em jogo na atualidade da epistemologia, pois ela continua a ser o carro-chefe de seu pensamento e sua perspectiva de futuro. A exigência da *contemporaneidade relativa* constitui a razão de ser do bachelardismo e seu destino não está ligado tanto à sua reprodução acadêmica, mas em sua capacidade de seguir as transformações conceituais da pesquisa:

> A única maneira de ser fiel a Bachelard seria prolongar seu gesto, colocando-se à altura dos últimos desenvolvimentos e das últimas interrogações da ciência.[83]

Há, portanto, no momento atual, dois bachelardismos na filosofia: um, acadêmico, que integra a obra à história da filosofia; outro, surracionalista, que tenta iluminar a ciência a vir.

Do ponto de vista acadêmico, assistimos a um retorno de interesse pela figura de Bachelard, que pouco a pouco entra no panteão dos grandes filósofos, como atestam as obras e colóquios.[84] Um dos principais articuladores da persistência de Bachelard na paisagem intelectual é Jean-Jacques Wunenburger (nascido em 1946), aluno de Durand e filósofo do imaginário. Em Dijon, ele fundou o

---

supervaloriza o inglês e subestima o espanhol, o italiano e o português. Entretanto, isso confirma que Bachelard não é mais conhecido somente na França.

82. A afiliação disciplinar das revistas que o citam fornece um indício: cerca de metade está ligada a um campo literário ou artístico e menos de 10% tem uma relação com as ciências da natureza.
83. J.-C. Pariente, *Le Vocabulaire de Bachelard*, Paris, Ellipses, 2001, p. 3.
84. V. Bontems, "L'Actualité de l'épistémologie historique", *Revue d'Histoire des Sciences*, n. 1, pp. 139-149, 2006.

Centro Gaston Bachelard de Pesquisas sobre o Imaginário e a Racionalidade da Universidade de Borgonha, que publica os *Cahiers Gaston Bachelard*; preside a Associação dos Amigos de Gaston Bachelard, que publica um *Bulletin*, e participa da direção de obras coletivas, contribuindo assim para difundir com constância o pensamento de Bachelard, dos que continuam seu pensamento e de seus comentadores. Gayon participa de obras em inglês em que introduz os trabalhos de Bachelard e de Canguilhem. Lecourt transmite a seus alunos a herança de Canguilhem e convoca incessantemente a uma reativação do bachelardismo. Didier Gil escreve regularmente estudos aprofundados sobre Bachelard.[85]

Do ponto de vista surracionalista, são inicialmente os trabalhos do filósofo das ciências e das técnicas Daniel Parrochia (nascido em 1951) que causam admiração. Professor de filosofia em 1975, doutor em 1987, ele trabalha, seguindo a linha de Dagognet, sobre a materialização do sensível, sobre a filosofia das técnicas e sobre a epistemologia dos modelos. Seu livro mais bachelardiano é certamente *Les Grandes Révolutions scientifiques du XXe siècle*[86] [*As grandes revoluções científicas do século XX*], em que tenta discernir os efeitos de hibridação das teorias da relatividade, da mecânica quântica e das teorias do caos na paisagem científica contemporânea. Sua extrema prudência o conduz a uma relação ambivalente com o surracionalismo, pois ele mantém simultaneamente uma distância crítica em face das teorias contemporâneas que aborda e diante do próprio empreendimento bachelardiano.

---

85. D. Gil, *Bachelard et la culture scientifique*, Paris, PUF, 1993. D. Gil, *Autour de Bachelard: esprit et matière, un siècle français de philosophie des sciences (1867-1962)*, Paris, Belles Lettres, 2010.

86. D. Parrochia, *Les Grandes Révolutions scientifiques du XXe siècle*, Paris, PUF, 1997.

Outro filósofo que assumiu a ambição bachelardiana, tanto no plano epistemológico quanto no literário, é Charles Alunni (nascido em 1951). Aluno de Desanti, próximo de Gilles Châtelet (1944-1999), ele dirige o laboratório Pensamento das Ciências na École Normale Supérieure, e trabalha incessantemente na intersecção das problemáticas da tradução, da potência conceitual dos diagramas e da metáfora, e das genealogias filosóficas. Seus trabalhos tratam da metáfora do livro da natureza em Galileu, da compactificação progressiva da escrita matemática e das teorias contemporâneas (gravidade quântica em *loop* — *Loop Quantum Gravity* —, geometria não comutativa, teoria das categorias, relatividade de escala, etc.). Ele dedicou vários artigos a Bachelard.[87]

Uma terceira dinâmica do campo filosófico concorre para recolocar Bachelard em lugar de honra e revisar seus conceitos; trata-se da recente redescoberta da obra de Gilbert Simondon, que, de certa forma, prolongava o esforço bachelardiano em sua teoria da individuação e em seu pensamento das técnicas. Sua amplificação atual provoca assim uma reativação do bachelardismo. É essa, pelo menos, a orientação que toma o trabalho a partir de Simondon nos escritos de Jean-Hugues Barthélémy[88], de Giovanni Carrozzini[89] e nas sessões do Atelier Simondon[90], que organizamos em sua companhia na École Normale Supérieure.

Por fim, a dissipação da miragem socioconstrutivista abriu o campo da sociologia às análises que combinam a

---

87. C. Alunni, op. cit.
88. J.-H. Barthélémy e V. Bontems, op. cit. J.-H. Barthélemy, *Simondon ou l'encyclopédisme génétique*, Paris, PUF, 2008, pp. 9-13.
89. G. Carrozzini, *Gilbert Simondon: per un'assiomatica dei saperi. Dall' "ontologia dell'individuo" alla filosofia della tecnologia*, Lecce, Manni, 2006.
90. V. Bontems, "Activités de l'Atelier Simondon", in: J.-H. Barthélémy (Org.), *Cahiers Simondon*, n. 1, Paris, L'Harmattan, 2009, pp. 149-152.

reconstituição do processo histórico de construção dos saberes com a preocupação de dar conta da consistência racional dos objetos assim produzidos. Na trilha dos trabalhos de Bourdieu, Eric Brian (nascido em 1958), Yves Gingras (nascido em 1954) e Terry Shinn (nascido em 1947) são os principais representantes dessa nova sociologia das ciências que combina um conhecimento aprofundado do campo científico e a exigência de uma epistemologia geral que visa elevar as pesquisas em ciências sociais ao nível das pesquisas em ciências da natureza (sem desconhecer a especificidade dos critérios de cada disciplina).

Matemático de formação, Brian em seguida dedicou-se à história e à sociologia, tendo por objeto de predileção a epistemologia das probabilidades, da qual analisa a evolução histórica em várias obras dedicadas a Condorcet, a Halbwachs e à história da estatística.[91] Diretor de estudos na École des Hautes Études en Sciences Sociales, dirige também a *Revue de Synthèse*. Sua última obra, *Comment Tremble la Main invisible*[92] [*Como treme a mão invisível*], desdobra um dispositivo de mudança de referenciais, claramente inspirado pela Relatividade filosófica, que permite analisar a evolução histórica dos regimes de incertezas ligados ao uso das probabilidades nos modelos financeiros.

Depois de ter feito estudos em física, Yves Gingras inicia pesquisas em história e em sociologia das ciências. Leitor assíduo de Bachelard e Piaget, ele opõe ao construtivismo relativista um racionalismo construtivista fortemente inspirado por esses autores.[93] Ele estuda

---

91. E. Brian, *La Mesure de l'État: administrateurs et géomètres au XVIIe siècle*, Paris, Albin Michel, 1994.
92. E. Brian, *Comment Tremble la Main invisible: incertitude et marchés*, Paris, Springer, 2009.
93. Y. Gingras, "Un Air de radicalisme: sur quelques tendances récentes en sociologie de la science et de la technologie", *Actes de la recherche en sciences sociales*, n. 108, pp. 3-7, jun. 1995. Y. Gingras, "The

particularmente os efeitos da matematização da física e o papel que as analogias formais nela desempenham.[94] Sua obra *Éloge de l'homo techno-logicus* [*Elogio do homo tecno-lógico*] apresenta um afresco do desenvolvimento tecnológico, baseado na ideia de fenomenotécnica.[95] Ele insiste na complementaridade da epistemologia de Bachelard com a sociologia de Bourdieu.[96] Fundou, com Camille Limoges, o Observatório das Ciências e das Tecnologias.

Cientista de formação, Terry Shinn estudou a história da Escola Politécnica[97] e as relações entre pesquisadores e empresas antes de desenvolver uma abordagem *transversalista*[98], que examina principalmente as trajetórias dos instrumentos técnicos "genéricos" entre diferentes campos disciplinares e a constituição de comunidades intersticiais.

O trabalho de Bachelard voltou então a ser uma fonte de inspiração fecunda. No entanto, um renascimento do bachelardismo à altura dos desafios científicos de nosso tempo não é fácil, de tanto que ele demanda vontade e coragem para tal tarefa: para fazer com que Bachelard participe da compreensão de objetos científicos

---

New Dialectics of Nature", *Social Studies of Science*, v. 27, pp. 317-334, 1997.
94. Y. Gingras, "How the Photon Emerged through the Prism of Formal Analogies", *Photons*, v. 3, n. 2, pp. 13-14, outono 2005; Y. Gingras, "What Did Mathematics Do to Physics?", *History of Science*, v. 39, pp. 383-416, dez. 2001.
95. Y. Gingras, *Éloge de l'homo techno-logicus*, Saint-Laurent, Fides, 2005.
96. Y. Gingras, "Mathématisation et exclusion: socio-analyse de la formation des cités savantes", in: J.-J. Wunenburger (Org.), *Bachelard et l'épistémologie française*, op. cit., pp. 115-152.
97. T. Shinn, *Savoir scientifique et pouvoir social: l'École Polytechnique, 1794-1914*, Paris, Fondation Nationale des Sciences Politiques, 1980.
98. T. Shinn e P. Ragouet, *Controverses sur la science: pour une sociologie transversaliste*, Paris, Raison d'Agir, 2005.

contemporâneos é preciso retomar e seguir os raciocínios recorrentes que ele formulava em relação àqueles de seu tempo e, além disso, poder atualizá-los no contato com a ciência viva. Ora, não somente esse objetivo é difícil, mas, olhando de perto, as dinâmicas atuais do campo científico se prestam muito mal às exigências desse método.

Por um lado, a dinâmica da ciência parece menos claramente restrita hoje à dialética da teoria e da experiência que no passado: vemos ao mesmo tempo o desenvolvimento de campos desconectados de qualquer comprovação experimental e campos tecnológicos aparentemente desprovidos de preocupação teórica. Essa constatação é atenuada assim que entramos no detalhe das práticas e dos instrumentos conceituais, mas ela nem sempre se dissipa. É o sinal de que a apreensão da atividade racionalista reclama um esforço maior que na época de Bachelard, na medida em que as ideologias científicas dominantes constituem obstáculos, enquanto antes estavam em harmonia com a abordagem bachelardiana.

Por outro lado, o ponto culminante da pesquisa teórica, a partir do qual conviria conduzir a recorrência, não está assegurado. Não reina nenhum consenso satisfatório a esse respeito dentro do campo científico. Do ponto de vista bachelardiano, a crise dos fundamentos da física teórica atraída pela nova física não está concluída, a despeito de progressos fenomenotécnicos e teóricos consideráveis (como o modelo *standard* da teoria quântica dos campos e os aceleradores de partículas, tal como o Grande Colisor de Hádrons[99], construído perto de Genebra). A epistemologia *não* cartesiana não pena para concebê-la, mas sua visada surracionalista em vista de uma recorrência conceitual não é mais necessariamente

---

99. Um *hádron* é um composto de partículas subatômicas (ou *pártons*) regido pela interação forte (ou força forte).

compartilhada pelos próprios cientistas, que há muito se habituaram ao "cisma da física"[100] e não pensam mais que a unificação da ciência seja necessária para justificar a legitimidade de suas pesquisas.[101]

O ideal que a revolução relativista representava não é mais o único paradigma, e as estratégias conceituais dominantes, como as supercordas, por exemplo, não concordam facilmente com o horizonte de expectativa do bachelardismo. Em particular, isso explica por que filósofos como Parrochia, Alunni e nós mesmos nos vemos tomando posições julgadas mais ou menos *intempestivas*, quando dedicam, na base de uma epistemologia bachelardiana, alguma atenção à teoria da relatividade de escala de Laurent Nottale, que pretende operar a recorrência, sendo ela quase ignorada pela comunidade científica e se encontrando, por esse fato, marginalizada nesse campo.[102]

Em certo sentido, a orientação da epistemologia bachelardiana, em nossos dias, encontra-se dividida entre uma referência filosófica que passou de moda e uma referência científica procrastinada. A *imprudência* dessa postura é inegável, mas ela corresponde à ética e à estética do pensamento que Gaston Bachelard recomendava adquirir, medindo a audácia conceitual dos inventores do passado: um racionalista jamais deve hesitar em testar a solidez das certezas do presente, que, sem essa revisão voltada para o futuro, se sedimentam em dogmas conservadores.

---

100. K. Popper, *La Mécanique quantique et le schisme en physique*, Paris, Hermann, 1982.
101. P. Galison e D. Stump (Orgs.), *The Disunity of Science (Boundaries, Context, and Power)*, Stanford, Stanford University Press, 1996.
102. V. Bontems e Y. Gingras, "De la Science normale à la science marginale. Analyse d'une bifurcation de trajectoire scientifique: le cas de la Théorie de la Relativité d'Échelle", *Social Science Information*, v. 46, n. 4, pp. 607-654, 2007.

Conclusão

*Tenho a melancólica impressão de ter aprendido,
ao escrever, como eu deveria ter lido.*
Gaston Bachelard,
A terra e os devaneios do repouso

Em grande parte, Bachelard deve o sucesso de sua inserção no mundo acadêmico à sua formação científica inicial, sólida e adquirida em tempos difíceis, que lhe valeram a cordial atenção de Brunschvicg e Rey. A filosofia francesa já se encontrava dividida entre um polo científico, então encarnado pelo positivismo, e um polo literário, dominado pelo espiritualismo. As duas teses de Bachelard conciliam o vocabulário do "Espírito" com uma filosofia das ciências que subverte os clichês positivistas. Ele faz referência a outra corrente de pensamento, o personalismo, que na época representa um ponto de equilíbrio entre os dois polos: ele cita Renouvier e Hamelin, assim como o pragmatista americano James, trazido para a França por Renouvier. Recém-chegado a esse campo, ele se mostra conciliador para com as filosofias instaladas: *Ensaio sobre o conhecimento aproximado* cita Bergson e Meyerson em boa parte. Apesar de ser inovadora, sua perspectiva pretende ser relativamente consensual. Mas Bachelard não se deteve aí e, ao tomar conhecimento da novidade da teoria da relatividade e dos trabalhos pioneiros em mecânica quântica, percebeu a necessidade de uma franca ruptura com os modos de pensamento que prevaleciam no campo filosófico.

Sua escrita toma então um tom polêmico e produz demarcações nítidas: em relação a Meyerson em 1929, com *La Valeur inductive de la relativité*, depois a Bergson a partir de 1932, com *A intuição do instante*. Bachelard reativa assim a oposição entre o espiritualismo conservador e um racionalismo de progresso, que não mais encarna a epistemologia de Meyerson. Essa estratégia é eficaz, pois ele percebe, em 1936, uma linha de fratura entre "bachelardianos e antibachelardianos".[1] Alguns jovens filósofos franceses e alguns colegas estrangeiros aderem às suas posições. Seu conhecimento do alemão lhe permite, no decorrer dos anos 1930, manter-se informado sobre os trabalhos germânicos (Reichenbach, Buber, a fenomenologia) que mobilizam a vanguarda. Ele mesmo se mostra audacioso, fazendo referências à psicanálise. Essa inovação o leva a uma nova linha de pesquisa sobre a poesia, território até então reservado aos literatos. Escolhe, para tanto, um editor não acadêmico (José Corti), desvinculando a recepção desses trabalhos da de seus escritos epistemológicos. Ele esperará até o final de sua carreira para publicar livros "noturnos" pela Presses Universitaires de France (PUF).

Ele invoca motivos familiares para recusar certos postos de trabalho, mas não hesita em desafiar destemidamente os rigores da Ocupação quando se apresenta a ocasião de ocupar a cadeira de Rey na Sorbonne (assim como a direção do Institut d'Histoire des Sciences). Quando da Liberação, ele produz obras decisivas em epistemologia e não teme zombar da onda existencialista.

---

1. Carta de Gaston Bachelard a Daniel Giroux, datada de 3 de setembro de 1936, citada em A. Parinaud, *Gaston Bachelard* (Paris, Flammarion, 1996), p. 231.

No final da carreira, encarna a figura dominante da filosofia das ciências. Durante esse período de consagração, recebe honras civis e é solicitado a se pronunciar no rádio e depois na televisão.

Original e inovadora, sua trajetória não deixa de obedecer a uma dinâmica bem clássica, do ponto de vista sociológico: primeiramente ele propõe um discurso conciliador, depois constrói um nome por meio de demarcações ostentatórias; antecipa as inovações de seu campo, desenvolve um novo terreno de intervenção legítimo, tomando o cuidado de não perder seu capital anterior, e acaba por obter uma posição institucional importante; depois disso, aceita dirigir-se ao grande público. Essa segmentação de sua trajetória resulta de investimentos sucessivos (realizados ao preço de um trabalho obstinado), em acordo com um *habitus* clivado entre sua formação científica e sua cultura literária.

Não se pode subestimar o fascínio que tal trajetória exerceu sobre gerações de filósofos e ainda exerce sobre alguns de nós. Ler Bachelard continua a ser formador para quem filosofa hoje em dia: sua leitura transmite uma bagagem intelectual ainda pouco disseminada, e uma maneira de pensar, uma mentalidade inestimável para a pesquisa. Sintetizamos as grandes linhas: a epistemologia *trans*-histórica, a Relatividade filosófica, o estudo dos ritmos do pensamento, e ressaltamos os invariantes (operadores) e o método. Contudo, Bachelard não deve servir de sistema fechado, mas, sim, de fonte na qual cada descoberta intelectual pode voltar a jorrar.

Ler Bachelard hoje é forçosamente *re*ler: como ela esclarece os escritos do passado, sua obra deve ser encarada na dupla perspectiva da situação histórica e da recorrência do presente. Nosso trabalho respeitou então um equilíbrio flutuante entre a história da filosofia, que restitui seu pensamento no contexto de origem, e uma releitura recorrente a serviço de uma síntese contemporânea, que nos corresponde. Desse modo, a coerência de nossa própria leitura consiste em evidenciar os desafios ligados à dimensão de aprofundamento — que é induzida por nossas próprias pesquisas de reatualização da epistemologia bachelardiana em contato com a teoria da relatividade de escala —, assim como sobre a hipótese ontológica do realismo das relações, isto é, sobre uma posição mais simondoniana que estritamente bachelardiana. Essa restituição do referencial "Bachelard" se quer fiel ao espírito, muito mais que à letra. Ela não pretende ser uma perspectiva absoluta sobre o progresso dos conhecimentos científicos, nem sobre os pensamentos especulativos que neles se inspiram. A reorganização didática da densa obra de Bachelard e o estabelecimento da genealogia do bachelardismo são empreendimentos coletivos e *abertos.*

Deve-se trabalhar para tornar-se, no futuro, um "bachelardiano". Ainda é preciso acrescentar que há muitas outras maneiras de celebrar Bachelard — e discutir poesia em torno de uma taça de um bom vinho é uma delas! A única coisa não permitida seria resignar-se à ignorância e à passividade.

Índice de nomes próprios

Bergson (Henri): 9, 10, 11, 13, 15, 16, 20, 23, 78, 105, 176, 177, 221, 222, 237, 243.

Broglie (Louis): 14, 15, 22, 24, 65, 81, 190.

Brunschvicg (Leon): 12, 15, 18, 19, 21, 30, 36, 79, 190, 221, 238, 239.

Buhl (Adolphe): 64, 81, 100, 181, 238.

Comte (Auguste): 36, 37, 77.

Dirac (Paul): 15, 16, 68, 69.

Einstein (Albert): 10, 13, 14, 15, 22, 37, 41, 48, 64, 69, 70, 73, 74, 81, 82, 84, 86, 88, 96, 99, 102, 105, 109, 110, 176, 177, 237, 239, 241, 242.

Éluard (Paul): 20, 21, 23, 32, 134, 149, 163.

Freud (Sigmund): 10, 12, 19, 143, 229, 240.

Gonseth (Ferdinand): 9, 14, 18, 19, 22, 23, 42, 73, 80, 85, 88, 188, 189, 190, 241.

Heidegger (Martin): 156, 157, 158, 159, 161.

Husserl (Edmund): 15, 19, 24, 25, 42, 62, 77, 91, 129, 202, 230.

James (William): 35, 56, 57, 78, 221.

Jung (Carl): 12, 13, 21, 25, 129, 157, 203, 229, 241.

Kant (Immanuel): 35, 65, 77, 79, 85, 86, 96, 100, 101, 102, 104, 105, 106, 188, 232.

Meyerson (Emile): 14, 15, 16, 78, 79, 221, 222, 241.

Nietzsche (Friedrich): 10, 72, 73, 75, 78, 121, 137, 142, 236.

Poincaré (Henri): 10, 11, 12, 181, 234, 238.

Reichenbach (Hans): 14, 17, 18, 79, 105, 190, 222.

Roupnel (Gaston): 16, 135, 156, 162, 163, 243.

Schrödinger (Erwin): 14, 15, 16, 23, 230, 233.

Simondon (Gilbert): 14, 25, 84, 112, 118, 194, 195, 216, 224.

Índice de noções

Aprofundamento: 55, 60, 63, 64, 65, 71, 72, 98, 100, 109, 130, 154, 180, 224.

Aproximação: 55, 59, 60, 61, 70, 71, 84, 88, 93, 100, 188.

Complexo: 45, 122, 128, 129, 130, 139, 140, 141, 142, 143, 144, 146, 164, 166, 172, 207, 208, 229, 240.

Dessubstancialização: 87, 106, 107, 108, 109, 111, 117, 136.

Dialética: 18, 22, 47, 60, 61, 68, 69, 77, 78, 79, 83, 84, 90, 97, 98, 99, 103, 132, 138, 160, 174, 176, 179, 201, 219, 229, 232, 242.

Espectro: 50, 51, 59, 74, 83, 84, 88, 95, 99, 102, 105, 116, 117, 152, 229, 230, 234.

Fenomenotécnica: 55, 61, 62, 63, 64, 65, 68, 71, 92, 94, 188, 192, 210, 218, 219, 230, 232, 235.

Filosofia (do não): 20, 43, 47, 52, 53, 55, 58, 64, 68, 73, 76, 81, 87, 88, 91, 95, 96, 97, 98, 99, 100, 101, 102, 103, 104, 106, 107, 108, 116, 117, 120, 231.

Imagem: 27, 29, 30, 33, 43, 45, 46, 47, 51, 52, 53, 54, 60, 65, 127, 128, 129, 130, 131, 132, 133, 134, 135, 136, 137, 138, 139, 140, 141, 143, 144, 145, 146, 147, 148, 149, 150, 151, 152, 153, 154, 155, 159, 160, 161, 165, 166, 167, 168, 170, 172, 173, 174, 175, 183, 193, 195, 204, 205, 206, 207, 229, 230, 232, 233.

Indução: 28, 29, 30, 65, 67, 68, 69, 70, 72, 74, 91, 96, 98, 102, 119, 130, 151, 154, 172, 174, 177, 179, 231.

Isomorfia: 151, 152, 172, 178, 204, 206.

Método (*não* cartesiano): 44, 69, 70, 71, 73, 74, 75, 76, 77, 122, 230.

Númeno: 64, 65, 66, 67, 71, 77, 94, 97, 231, 232.

Obstáculo: 37, 44, 45, 46, 47, 49, 50, 51, 52, 53, 54, 55, 59, 71, 84, 127, 192, 196, 203, 219, 232, 233, 234, 235.

Operador: 104, 105, 130, 131, 146, 149, 150, 151, 152, 153, 154, 166, 167, 170, 171, 172, 223, 231, 233.

Perfil epistemológico: 88, 120, 121, 122, 199, 230.

Psicanálise: 18, 19, 20, 22, 27, 28, 45, 46, 127, 128, 129, 130, 131, 132, 133, 137, 141, 143, 144, 148, 151, 153, 157, 164, 165, 172, 174, 202, 205, 207, 222, 229, 240.

Quântico: 10, 14, 15, 16, 18, 59, 60, 61, 62, 63, 64, 65, 66, 67, 71, 74, 99, 100, 101, 102, 103, 119, 153, 179, 180, 215, 216, 219, 220, 221, 230, 232, 233, 238, 240.

Racionalismo: 17, 22, 23, 30, 32, 43, 48, 55, 67, 70, 75, 79, 80, 82, 83, 84, 87, 88, 89, 90, 91, 94, 95, 100, 102, 104, 109, 116, 117, 120, 121, 182, 188, 190, 213, 215, 217, 222, 235.

Recorrência: 37, 40, 44, 49, 50, 54, 55, 70, 71, 72, 84, 90, 98, 99, 101, 102, 104, 105, 110, 112, 117, 133, 147, 155, 202, 210, 219, 220, 223, 231, 234, 238.

Relatividade: 10, 11, 13, 14, 15, 22, 37, 41, 48, 59, 63, 64, 65, 68, 69, 70, 73, 77, 79, 81, 85, 86, 87, 96, 100, 105, 107, 108, 109, 110, 111, 112, 113, 117, 118, 120, 151, 152, 176, 177, 179, 215, 216, 217, 220, 221, 223, 224, 231, 237, 238, 239, 240, 241.

Revolução: 10, 16, 26, 37, 43, 44, 65, 72, 84, 90, 96, 98, 99, 106, 147, 153, 200, 204, 210, 215, 220, 235, 243.

Ritmanálise: 34, 132, 144, 172, 173, 174, 175, 181, 183, 242.

Ruptura: 37, 43, 44, 48, 49, 50, 51, 52, 53, 54, 55, 59, 61, 63, 65, 70, 71, 72, 75, 90, 144, 195, 196, 200, 203, 210, 222, 234, 235.

Tempo: 13, 31, 34, 38, 63, 64, 66, 73, 85, 86, 87, 88, 100, 102, 105, 106, 107, 110, 111, 116, 126, 132, 151, 152, 155, 160, 161, 162, 163, 170, 171, 172, 175, 176, 177, 178, 179, 180, 181, 182, 184, 185, 206, 218, 219, 221, 232, 237, 240, 242, 243.

Glossário

Complexo: essa noção de psicologia designa a constituição da psique e um conjunto de representações dolorosas que nela *se enredam* (*cum plexus*, com entrelaçamentos). A psicanálise a formaliza ainda mais: Alfred Adler estuda o complexo de inferioridade, Jung mostra a dimensão afetiva e inconsciente dos complexos, Freud esclarece o complexo de Édipo como uma estrutura universal da psique (masculina). É a Freud que Bachelard se refere quando introduz o termo em *A dialética da duração* (1936), em que opõe o complexo de Orfeu (essa "necessidade primitiva de agradar e de consolar"[1]) ao complexo de Édipo. Seu uso da noção, que insiste sobre a existência de certos complexos *felizes*, distancia-se da ortodoxia freudiana e se aproxima do uso que faz Jung, que se interessava pelos arquétipos do inconsciente coletivo e considerava redutora a abordagem freudiana em termos de *libido*. Depois de ter servido à classificação das imagens poéticas, em que ancora a estrutura de grupo das imagens no seio da vida íntima dos poetas, essa noção é progressivamente abandonada por Bachelard.

Espectro: em seu *Optiks*, de 1704, Newton chama de "*coloured spectrum*" ("aparição colorida") as bandas obtidas a partir da decomposição da luz branca. Ao

---

1. G. Bachelard, *La Dialectique de la durée*, op. cit., p. 148.

traduzir a expressão por "*espectro* ou imagem colorida", Jean-Paul Marat cria a noção científica. O espectro de luz visível é completado pelo infravermelho, descoberto por William Herschel em 1800, e pelo ultravioleta, descoberto por Johann Wilhelm Ritter em 1801. Em 1752, Thomas Melvill descobre o espectro de emissão de uma chama tingida com um metal ou com um sal, e Herschel estabelece, em 1821, que suas raias dependem da composição química. A descoberta dos espectros da chama é seguida pela de raias escuras no espectro solar. Em 1814, Joseph von Fraunhofer inventa o espectrógrafo. Em 1859, Kirchhoff e Bunsen fundam a espectroscopia. A análise espectral encontra suas bases teóricas com a mecânica quântica: o modelo do átomo de Niels Bohr (1913) e depois a equação de Schrödinger (1926) explicam o espectro discreto dos átomos pelos níveis de energia ("órbitas") de seus elétrons. Bachelard elabora seu método de análise "espectral" por analogia: trata-se de estudar as interferências dos diferentes conceitos, produzidos por decomposição de uma noção, com várias disciplinas, em vários autores ou em horizontes históricos sucessivos (caso em que o espectro obtido é chamado de um "perfil epistemológico").

Fenomenotécnica: por analogia e decalagem com a fenomenologia de Husserl, a fenomenotécnica designa a extensão possível da descrição científica dos fenômenos naturais pelas técnicas. A objetivação das condições fenomenotécnicas da experimentação produz um *descentramento* em relação à noção de observação nas filosofias do sujeito: Bachelard recusa o paradigma da percepção ordinária, a das coisas vistas em nossa escala. A experiência da medida em mecânica quântica é, para Bachelard, a ocasião de criticar os pressupostos da ontologia clássica: localização absoluta e individualidade permanente.

Essa crítica é esboçada em *A experiência do espaço na física contemporânea* e se prolonga pela crítica do postulado de "analiticidade do real" em *A filosofia do não*. Com o abandono da individualidade substancial dos objetos quânticos, Bachelard propõe finalmente uma concepção segundo a qual os objetos quânticos são númenos que só são atualizados (e individuados) quando medidos. Ele convida assim a tomar consciência do papel crucial dos instrumentos e dos progressos da manipulação da matéria na ciência contemporânea: ela não é mais uma ciência de fatos, mas uma ciência de *efeitos*.

Indução: em psicologia, a indução designa a operação mental que consiste em generalizar uma regra a partir de casos particulares. Em matemática, a indução completa é um raciocínio por recorrência. Na física, a indução eletromagnética designa o fato de que o movimento de um ímã através de uma bobina *induz* a produção de uma corrente elétrica e, reciprocamente, que a circulação da corrente numa bobina cria um campo magnético em torno dela. Em *Ensaio sobre o conhecimento aproximado*, Bachelard mostra que a indução é a condição da reprodutibilidade das experiências (ela tende a confundir-se então com a noção matemática). Contudo, suas obras posteriores descartam essa acepção e definem a indução *por analogia com a indução eletromagnética*: na ciência, o valor indutivo da matemática permite inferir a existência de realidades físicas, como ele mostra em *La Valeur inductive de la relativité*, enquanto na literatura as palavras induzem certas dinâmicas imaginárias no espírito do leitor. A formulação desses operadores de indução científica e poética é análoga, apesar de os efeitos serem diferentes.

Númeno: por *nooumena* ("realidade inteligível") Platão compreende as ideias por oposição com as coisas sensíveis. Kant emprega "númeno" para designar as "coisas em si", distintas dos "fenômenos" que nos são acessíveis segundo as formas *a priori* da sensibilidade, isto é, no tempo e no espaço. Em seu sistema, o conhecimento só trata dos fenômenos; por definição, os númenos estão fora de seu alcance. Identificando o númeno à estrutura matemática subjacente aos fenômenos, Bachelard invalida a perspectiva transcendente: certamente o conhecimento aproximado constitui uma "fenomenologia" (de fato, uma *fenomenotécnica*), mas a organização racional dos fenômenos diz respeito a uma "numenologia", isto é, à estrutura matemática da física. O númeno é assim reintegrado ao horizonte do conhecimento e se torna mesmo o objeto por excelência na mecânica quântica, que não objetiva a miniatura de uma coisa, mas um númeno, como Bachelard expõe em "Noumène et microphysique" ["Númeno e microfísica"] (artigo de 1932, reproduzido na coletânea *Études* [*Estudos*], em 1970).

Obstáculo (epistemológico): se o conceito preexiste, Bachelard só o define a partir de *A formação do espírito científico* (1938); um obstáculo epistemológico é aquilo que *freia o pensamento* e do qual o espírito deve se desprender para que se torne científico. Percebemos que todo conhecimento começa por rejeitar um erro quando se estuda a ciência em seu desenvolvimento histórico ou sua transmissão pedagógica. Dado que sempre os obstáculos epistemológicos são identificados *a posteriori*, não é o caso de estabelecer uma lista exaustiva, nem de elaborar um procedimento que os afaste *a priori*. Eles caminham em pares, pois são os escolhos simétricos da dialética do conhecimento. Bachelard insistiu no obstáculo que constituem certas imagens que se impõem ao espírito, mas nem todos os obstáculos dizem respeito à simples oposição entre conceitos e imagens, sendo alguns deles enraizados na linguagem ou até mesmo nas fórmulas matemáticas que se tornaram certezas. A ciência *obsoleta* constitui, assim, um catálogo dos obstáculos passados; contudo, estes jamais são definitivamente ultrapassados, pois fazem parte das condições estruturais do conhecimento.

Operador: um operador matemático é um símbolo que representa uma operação (+, −, /, etc.) ou uma série de operações. A álgebra clássica opunha esses símbolos paradigmáticos (variáveis) aos símbolos sincategoremáticos (operações). Inventando a notação dx para a diferenciação, Leibniz nota que é possível manipular essa operação à maneira de uma potência (d^n) e independentemente das variáveis sobre as quais ela se exerce (x). A noção de operador é primordial na mecânica quântica, na qual "uma medida só pode dar como resultado as quantidades designadas pelos valores próprios de seu operador".[2] Então os conjuntos observáveis do sistema microfísico preditos pela equação de Schrödinger não são mais grandezas reais sobre as quais incidiriam os operadores, mas o conjunto das possibilidades que eles definem: "O operador é uma espécie de função expectante, pronta para trabalhar uma matéria algébrica qualquer."[3] Para Bachelard, *os conceitos são operadores* irredutíveis a uma perspectiva formalista (eles só tomam sentido por meio de sua aplicação) ou substancialista (o real só é acessível por meio da operação).

---

2. G. Bachelard, *L'Activité rationaliste de la physique contemporaine*, op. cit., p. 174.
3. G. Bachelard, *L'Expérience de l'espace dans la physique contemporaine*, op. cit., p. 93.

Recorrência: a noção matemática de recorrência foi elucidada por Poincaré. Numa sequência, a relação de recorrência designa a equação que engendra um termo da sequência em função de outros termos (por exemplo: $U_{n+1} = U_n^2$). Ela intervém no raciocínio por recorrência, que consiste em estabelecer uma propriedade para n igual a zero e também estabelecer que, se essa propriedade é verdadeira para n, também o é para n+1, o que permite concluir pela verdade da propriedade para qualquer n, de zero ao infinito. Poincaré também demonstrou o teorema de recorrência, que mostra que um sistema dinâmico evoluindo num espaço de fases de volume finito repassa necessariamente tão perto de sua condição inicial quanto se queira. Para Bachelard, a recorrência conceitual significa que os conhecimentos científicos de uma época são julgados segundo o estado posterior dos conhecimentos, que os retifica e elucida os limites, mas também que esse estado mais justo e mais profundo do sistema do conhecimento tende a voltar ao estado anterior como um caso particular simplificado, isto é, *degenerado* do ponto de vista matemático. A recorrência conceitual é a etapa que sucede a uma ruptura epistemológica.

Ruptura (epistemológica): a ruptura epistemológica designa o esforço pelo qual o espírito se desvincula de suas concepções anteriores e ultrapassa um obstáculo epistemológico. A ruptura intervém entre conhecimento comum e conhecimento científico. Bachelard explicita esse ponto tomando como exemplo e espectro das cores. Enquanto a vista percebe o espectro das cores como circular e fechado (passa-se insensivelmente do vermelho ao violeta), a ciência da óptica ordena as cores em função de seu comprimento de onda de modo linear e aberto: na ordem circular da fenomenologia é "impossível localizar o ultravioleta e o infravermelho, impossível seguir essa enorme extensão, ao mesmo tempo inteligível e experimental, que estendeu dos raios hertzianos aos raios X e aos raios γ a ordenação essencialmente *linear* das frequências luminosas que especificam as cores".[4] A perfeição do arco-íris é uma intuição do senso comum que constitui de fato um obstáculo epistemológico. No entanto, a ruptura também intervém entre diferentes estados do espírito científico, quando a ciência se reorganiza em novas bases teóricas. A contrapartida experimental desse processo é a "ruptura de escala", que ocorre quando os progressos da instrumentação fenomenotécnica acedem a uma nova ordem de grandeza dos fenômenos.

Surracionalismo: por analogia com o movimento surrealista[5], o surracionalismo designa a atitude de abertura da razão à renovação de suas normas. Bachelard pretende "devolver à razão humana sua função de turbulência e de agressividade".[6] A novidade científica deve lutar contra os hábitos do pensamento para se impor, o que eleva "a razão polêmica ao nível de razão constituinte".[7] A razão não é então conservadora; sua atividade é mesmo subversiva; ela só conserva aquilo que resiste às suas revoluções. Tal atitude comporta uma parte de risco, pois todas as certezas podem ser revogadas, eventualmente, por novas experiências: "Se numa experiência não se põe a razão para funcionar, essa experiência não vale a pena ser

---

4. G. Bachelard, *Le Rationalisme appliqué*, op. cit., p. 116.
5. De *sur* ("sobre"), e *réalisme*, que dá nome ao conjunto de procedimentos de criação e de expressão que utiliza todas as forças psíquicas (automatismo, sonho, inconsciente) liberadas do controle da razão e em luta contra os valores preconcebidos. [N.T.]
6. G. Bachelard, *L'Engagement rationaliste*, op. cit., p. 7.
7. Ibidem, p. 9.

tentada."[8] Essa abertura para a novidade e para a revisão das normas da razão se coloca sob a égide da transmutação de todos os valores defendida por Nietzsche e se opõe à prudente busca de certeza do método cartesiano: "No reino do pensamento, a imprudência é um método."[9]

---

8. Ibidem, p. 11.
9. Ibidem.

Biografias

Bergson (Henri): nascido em 18 de outubro de 1859, ganha o concurso geral de matemática em 1877, antes de integrar em 1878 a École Normale Supérieure en Philosophie (Normale Sup'), na mesma promoção de Jean Jaurès[1] e Durkheim. Ele entra em primeiro lugar no corpo de professores em 1881. Em 1889, *Essai sur les données immédiates de la conscience* oferece-lhe certa notoriedade. Sua filosofia participa da renovação do espiritualismo francês de inspiração neoplatônica, nos rastros dos escritos de Félix Ravaisson. O tempo é seu principal tema de reflexão: ele recusa a forma "especializada" nas ciências da natureza e lhe opõe a intuição da "duração" como dado imediato da consciência. Em *Duração e simultaneidade* (1922), ele principia uma controvérsia com Einstein, cuja teoria da relatividade restrita coloca em causa a ideia de uma simultaneidade universal. Recebe o prêmio Nobel de literatura em 1927. Durante o inverno de 1941, expõe-se à friagem ao dirigir-se à polícia francesa (devido às leis antissemitas) e morre em 4 de janeiro.

---

1. Intelectual pacifista e líder socialista francês, fundador e diretor vitalício do jornal *L'Humanité* (1904) e do Partido Socialista Francês (1902), deputado, partícipe da redação da lei de separação entre a Igreja e o Estado, defensor apaixonado do capitão Dreyfus, ferrenho lutador contra o desencadeamento da Primeira Guerra Mundial. Figura mítica no panteão francês, é assassinado em julho de 1914, às vésperas do início do conflito, por um nacionalista exaltado. [N.T.]

Brunschvicg (Léon): nascido em 10 de novembro de 1869, leciona na província e depois na Sorbonne. Sua tese sobre *La Modalité du jugement* [*A modalidade do julgamento*] é publicada em 1897. Dedica-se enormemente à Sociedade Francesa de Filosofia (fundada em 1901) e desenvolve, na *Revue de Métaphysique et de Morale*, um pensamento espiritualista e racionalista que ele chama de "idealismo crítico". Interessa-se tanto pela história das ciências quanto pela da filosofia e, em *Les Étapes de la philosophie mathématique* (1912), retraça a evolução encadeada da matemática e da filosofia. Em sua obra, a gênese do espírito identifica-se ao progresso das ciências, mas conservando um valor eminentemente moral (*Les Progrès de la conscience dans la philosophie occidentale* [*O progresso da consciência na filosofia ocidental*], 1927). Atua como orientador de tese de Bachelard, Cavaillès e Lautman. Suas análises anunciam o conceito de "recorrência", mas se aplicam tanto à religião como à ciência. Refugiado na zona livre no início da guerra, ele é obrigado a esconder-se a partir de 1942 e morre na clandestinidade em janeiro de 1944.

Buhl (Adolphe): nascido em 19 de junho de 1878, adoece a partir de 1892 e aprende matemática como autodidata. Ele defende suas teses "sobre as equações diferenciais simultâneas e a forma com derivadas parciais adjuntas" e sobre "a teoria de Delaunay sobre o movimento da Lua" em 1901. Discípulo de Poincaré, opõe-se ao convencionalismo, pois considera que a escolha da geometria mais "natural" é restringida pela experiência. A partir de 1903, colabora na revista *L'Enseignement Mathématique*, da qual se torna diretor em 1920. Seus trabalhos (em colaboração com Paul Barbarin) sobre a geometria não euclidiana da relatividade geral e suas conjecturas sobre a geometrização da mecânica quântica retêm a atenção de Bachelard. Sua reflexão sobre a dependência de escala dos esquemas e sobre os paradoxos da potência do contínuo antecipa a geometria fractal e a análise não *standard*. Em 1942, ele participa do colóquio organizado por François Le Lionnais sobre "as grandes correntes do pensamento matemático". Morre em 24 de março de 1949.

Cavaillès (Jean): nascido em 15 de maio de 1903, passa em primeiro lugar no exame da École Normale Supérieure em 1923, obtendo ao mesmo tempo seu diploma de licença em matemática. Obtém o título de professor de filosofia em 1927. Passa um tempo na Alemanha, onde observa a ascensão do nazismo e trabalha com filosofia da matemática. Na companhia de Emmy Noether, colabora na edição da correspondência de Dedekind e Cantor. Em 1934, faz amizade com Bachelard no Congresso Internacional de Praga. Em 1937, defende suas teses (orientadas por Brunschvicg) *Méthode axiomatique et Formalisme* e *Remarques sur la formation de la théorie abstraite des ensembles*. No início da guerra, funda, com Lucie Aubrac, o movimento de resistência Libération--Sud. Em 1941, pede a Canguilhem que o substitua em Clermont-Ferrand e se encontra com seu amigo Bachelard na Sorbonne. Entra no movimento Libération-Nord. Detido pela polícia francesa em 1942, foge em dezembro e se junta a De Gaulle em Londres, antes de retornar à França. Volta a ser preso em 23 de agosto de 1943 e é fuzilado pelos alemães em 17 de fevereiro de 1944.

Einstein (Albert): nascido em 14 de março de 1879, entra na École Polytechnique Fédérale de Zurique em 1896. Em 1902, é admitido no Ofício de Patentes de Berna. Em 1905, publica quatro artigos nos *Annalen der Physik*[2],

---

2. Sobre o efeito fotoelétrico, o movimento browniano, a relatividade restrita e a equivalência entre massa e energia ($E = mc^2$, que foi chamada de

dentre os quais os que fundam a teoria da relatividade restrita (que abandona o conceito de simultaneidade absoluta e reunifica a mecânica e a eletrodinâmica) e a física quântica. Obtém seu doutorado em 1906. É nomeado para a Academia de Ciências da Prússia em 1913. Em 1916, publica a teoria da relatividade geral (que descreve as geodésicas do espaço-tempo graças à geometria riemanniana). A confirmação dela, em 1919, pelas observações de Eddington o torna célebre. Ele recebe o prêmio Nobel em 1921. Sua insatisfação em relação à mecânica quântica é expressa, em 1935, num artigo escrito em colaboração com Podolsky e Rosen ("o paradoxo EPR"). Ele se fixa nos Estados Unidos depois da tomada do poder pelos nazistas em 1933. Em 1939, escreve a Roosevelt para que este lance o Projeto Manhattan (que criaria a bomba atômica). Prossegue incansavelmente a pesquisa de uma teoria do campo unificado, mas sem êxito. Morre em 18 de abril de 1955.

Freud (Sigmund): nascido em 6 de maio de 1856, segue os cursos de Brentano e obtém seu doutorado em medicina em 1881. Seu estudo sobre a histeria apoia-se nos trabalhos de Jean-Martin Charcot e em sua prática da hipnose, da qual percebe os limites quando uma paciente resiste e lhe pede para escutá-la. Ele cria então a cura psicanalítica, da qual extrai pouco a pouco os conceitos principais, como *libido*, transferência, a primeira tópica (inconsciente, pré-consciente, consciente) e complexo de Édipo. Resume o resultado desses trabalhos em *Três ensaios sobre a teoria da sexualidade* em 1905. Em 1915, descarta a noção de instinto em proveito de uma teoria das "pulsões" (*As pulsões e seus destinos*). Em seguida, institucionaliza a psicanálise e depois

---

"a equação mais famosa do mundo"). [N.T.]

se opõe às concepções de Adler e de Jung, que julga desviantes. Por outro lado, evolui dando lugar à pulsão de morte e formula a segunda tópica (id, ego e superego) em 1920. Mantém correspondência com Einstein. Em seus últimos trabalhos, sua reflexão torna-se mais antropológica e questiona as origens da religião e o mal-estar da civilização. O nazismo obriga-o a emigrar para Londres, onde ele morre em 1939.

Gonseth (Ferdinand): nascido em 22 de setembro de 1890, cego desde a adolescência, entra na École Polytechnique Fédérale de Zurique, onde se torna *privat-docent* em 1915. Professor de matemática, terá o privilégio de seguir os cursos de Einstein. Publica artigos sobre a teoria da relatividade em cinco dimensões com Gustave Juvet em 1927 e 1928. Em seguida, volta-se para a filosofia, primeiramente com *Les Fondements des mathématiques* em 1929, livro em que confronta as análises com as do Círculo de Viena em 1935, e em seguida *Les Mathématiques et la réalité* [*A matemática e a realidade*] em 1936, em que explica os princípios de sua doutrina, o "idoneísmo". Ele conhece Bachelard no Congresso Descartes de 1937. Juntos, fundam em 1947, com Paul Bernays, a revista *Dialectica*. Além das noções de horizonte de realidade e de referencial, sua epistemologia elabora os quatro princípios do conhecimento (revisibilidade, tecnicidade, dualidade, solidariedade) e descreve as quatro fases do ciclo do conhecimento (problematização, formulação das hipóteses, teste experimental, retorno sobre a formalização do problema). Morre em 17 de dezembro de 1975.

Meyerson (Émile): nascido em 12 de fevereiro de 1859, estuda química com Wilhem Bunsen, antes de juntar-se a Paul Schützenberger no Collège de France em 1881.

Volta-se para a filosofia e a história das ciências pouco depois e se opõe ao positivismo ao desenvolver uma epistemologia realista: a ciência não visa apenas descrever os fenômenos, mas a compreender a natureza das coisas. Em 1908, sua primeira obra, *Identité et réalité* [*Identidade e realidade*], defende a ideia de que a ciência explica os fenômenos com a ajuda do princípio de causalidade e conduz assim a causa e o efeito a uma forma de identidade. Dessa forma, o pensamento científico obedece a um "princípio de identidade" que reduz o diverso à homogeneidade que é, segundo ele, a condição da racionalidade. Contudo, essa identificação choca-se com a resistência do real, que em seu fundo é irracional: o tempo é uma noção irracional, dado que se deve reconhecer sua existência e seu caráter incognoscível. Em 1925, seu livro *La Déduction relativiste* apresenta as teorias de Einstein (com o qual ele se corresponde) numa base hipotético-dedutiva como um prolongamento da mecânica clássica. Morre em 2 de dezembro de 1933.

Pinheiro dos Santos (Lúcio Alberto): nascido em 1889, viaja bastante para fora de Portugal; primeiro para a Bélgica e a França, depois para as Índias portuguesas, antes de instalar-se definitivamente no Brasil. Ignora-se qual foi sua formação (provavelmente em filosofia ou em psicologia), mas ela deve ser muito significativa, dada sua atuação como "Chief Director of Education" na Índia. Parece que ele teria participado de movimentos subversivos de esquerda contra a monarquia, em seguida contra a ditadura, o que explicaria seus sucessivos exílios. De sua produção intelectual só se conhece o livro *A ritmanálise*, de 1931, publicado no Brasil, mas hoje praticamente não se pode encontrá-lo. Essa obra é frequentemente citada em função do comentário elogioso feito por Bachelard em *A dialética da duração* (1936). Dessa forma, Pinheiro dos Santos torna-se uma referência "fantasma" da filosofia. Morre em 11 de novembro de 1950.

Roupnel (Louis Gaston Félicien): nascido em 23 de setembro de 1871, estuda história em Dijon e depois na Sorbonne, sem conseguir ser aprovado no concurso de agregação. Adquire notoriedade como escritor regionalista ao publicar *Nono*, romance que quase ganha o prêmio Goncourt em 1910. Defende sua tese sobre *La Ville et la Campagne dijonnaise au XVIIe siècle* [*A cidade e o campo na região de Dijon no século XVII*] em 1922 e obtém uma cadeira na Universidade de Dijon, onde faz amizade com Bachelard, que se inspirará em uma de suas obras poéticas, *La Nouvelle Siloë* (1927) para criticar a concepção do tempo contínuo de Bergson. Sua *Histoire de la campagne française* [*História do campo francês*] (1932) obtém um prêmio da Academia Francesa e chama a atenção também de Marc Bloch. Seu trabalho exalta de bom grado os encantos da "velha França" rural e será reivindicado pelos partidários da Revolução Nacional. Torna-se presidente do sindicato dos viticultores. Morre em 14 de maio de 1946.

Bibliografia

Obras de Gaston Bachelard

Indicamos aqui a edição consultada, assim como a data de publicação inicial (note-se que duas obras, *La Valeur inductive de la relativité* e *L'Expérience de l'espace dans la physique contemporaine*, nunca foram reeditadas).

Essai sur la connaissance approchée (1928). Paris: Vrin, 1973.
Étude sur l'évolution d'un problème de physique: la propagation thermique dans les solides. Paris: Vrin, 1928.
La Valeur inductive de la Relativité. Paris: Vrin, 1929.
Le Pluralisme cohérent de la chimie moderne (1932). Paris: Vrin, 1973.
L'Intuition de l'instant: étude sur la Siloë *de Gaston Roupnel* (1932). Ed. ampl. Paris: Stock, 1966.
Les Intuitions atomistiques (essai de classification) (1933). Paris: Vrin, 1975.
Le Nouvel Esprit scientifique (1934). Paris: PUF, 1983.
La Dialectique de la durée (1936). Ed. ampl. 1950. Paris: PUF, 2001.
L'Expérience de l'espace dans la physique contemporaine. Paris: PUF, 1936.

La Formation de l'esprit scientifique: contribution à une psychanalyse de la connaissance objective (1938). Paris: Vrin, 2004.

La Psychanalyse du feu (1938). Paris: Gallimard, 1949.

Lautréamont (1940). Paris: José Corti, 1995.

La Philosophie du non: essai d'une philosophie du nouvel esprit scientifique (1940). Paris: PUF, 1975.

L'Eau et les rêves: essai sur l'imagination de la matière (1942). Paris: José Corti, 1956.

L'Air et les songes: essai sur l'imagination du mouvement (1943). Paris: José Corti, 1987.

La Terre et les rêveries de la volonté: essai sur l'imagination des forces (1948). Paris: José Corti, 1988.

La Terre et les rêveries du repos: essais sur les images de l'intimité (1948). Paris: José Corti, 2004.

Le Rationalisme appliqué. Paris: PUF, 1949.

Paysages: étude pour quinze burins d'Albert Flocon, introduction à la dinamique du paysage. Rolle: Eynard, 1950. Texto retomado em *Le Droit de rêver.*

L'Activité rationaliste de la physique contemporaine. Paris: PUF, 1951.

Le Matérialisme rationnel (1953). Paris: PUF, 1972.

Châteaux en Espagne: la philosophie d'un graveur. Paris: Cercle Grolier, 1957. Texto retomado em *Le Droit de rêver.*

La Poétique de l'espace (1957). Paris: PUF, 2008.

La Poétique de la rêverie (1960). Paris: PUF, 1974.

La Flamme d'une chandelle (1961). Paris: PUF, 2005.

Le Droit de rêver (1970, coletânea póstuma). Paris: PUF, 2001.

Études (1970, coletânea póstuma). Paris: PUF, 2001.

L'Engagement rationaliste. Paris: PUF, 1972 (coletânea póstuma).

Fragments d'une poétique du feu. Paris: PUF, 1988 (póstumo).

Lettres à Louis Guillaume (1951-1962). Paris: La Part Commune, 2009 (coletânea póstuma).

Edições brasileiras

A água e os sonhos: ensaio sobre a imaginação da matéria. São Paulo: Martins Fontes, 1989.

A chama de uma vela. Rio de Janeiro: Bertrand Brasil, 1989.

A dialética da duração. São Paulo: Ática, 1994.

A experiência do espaço na física contemporânea. Rio de Janeiro: Contraponto, 2010.

A filosofia do não. São Paulo: Abril Cultural, 1978.

A formação do espírito científico: contribuição para uma psicanálise do conhecimento. Rio de Janeiro: Contraponto, 1996.

A intuição do instante. Campinas: Verus, 2007.

A poética do devaneio. São Paulo: Martins Fontes, 1988.

A poética do espaço. São Paulo: Martins Fontes, 1996.

A psicanálise do fogo. São Paulo: Martins Fontes, 1999.

A terra e os devaneios da vontade. São Paulo: Martins Fontes, 1991.

A terra e os devaneios do repouso. São Paulo: Martins Fontes, 1990.

Ensaio sobre o conhecimento aproximado. Rio de Janeiro: Contraponto, 2004.

Estudos. Rio de Janeiro: Contraponto, 2008.

O ar e os sonhos. São Paulo: Martins Fontes, 2001.

O direito de sonhar. São Paulo: Difel, 1985.

O novo espírito científico. Rio de Janeiro: Tempo Brasileiro, 1985.

O pluralismo coerente da química moderna. Rio de Janeiro: Contraponto, 2009.

O racionalismo aplicado. Rio de Janeiro: Zahar, 1977.

Artigos, capítulos e prefácios de Gaston Bachelard

Só indicamos aqui os artigos que não foram retomados nas coletâneas póstumas; muitos deles não podem mais ser encontrados.

"La Richesse d'inférence de la physique mathématique". *Scientia*, 1928.

"Physique et mathématique". In: *Septimana Spinozana*. Haia: Nijhof, 1933.

"Compte-rendu de *L'Oeuvre philosophique de Hoené Wronski, textes, commentaires et critiques* de Francis Warran". *Revue de Synthèse*, 1934.

"Pensée et langage". *Revue de Synthèse*, 1934.

"Logique et épistemologie". *Recherches Philosophiques*, 1934.

"La Continuité et la multiplicité temporelle". *Bulletin de la Société Française de Philosophie*, 1937.

"Compte-rendu de *Imagination et réalisation* d'Armand Petitjean". *Nouvelle Revue Française*, 1937.

"Préface". In: BUBER, Martin. *Je et tu: la vie en dialogue*. Paris: Aubier, 1938.

"Compte-rendu de *Stérilités mystérieuses dans l'Antiquité* de Marie Delcourt". *Nouvelle Revue Française*, 1939.

"La Psychanalyse de la connaissance objective". *Études Philosophiques*, 1940.

"La Pensée axiomatique". *Études Philosophiques*, 1940.

"La Déclamation muette". In: *Exercice du silence*. Bruxelas: Jean Annotiau, 1942.

"Compte-rendu de *L'Expérience microphysique et la pensée humaine* de Stéphane Lupasco". *Revue Philosophique de la France et de l'Étranger*, 1942-43.

"Compte-rendu de *Méthode et intuition chez Auguste Comte: essai sur les origines intuitives du positivisme* de Stéphane Lupasco". *Revue Philosophique de la France et de l'Étranger*, 1942-43.

"L'Image littéraire". *Messages*, 1943.

"Le Philosophe de la mécanique ondulatoire". *Vingtième Anniversaire de la mécanique ondulatoire*, Paris, 1944.

"Hommage à Léon Brunschvicg". *Revue de Métaphysique et de Morale*, 1945.

"La Sélection des cadres supérieures". *Les Textes d'études de Cégos*, Neuilly-sur-Seine: Cégos, 1945.

"La Philosophie dialoguée". *Dialectica*, 1947.

"Préface". In: CAVAILLÈS, Jean. *Sur la Logique et la théorie de la science*. Paris: PUF, 1947.

"Le Problème des méthodes scientifiques". *Actes du Congrès d'Histoire des Sciences*, Paris: Hermann, 1949.

"L'Idonéisme ou l'exactitude discursive". *Études de philosophie des sciences: mélanges Ferdinand Gonseth*, Neuchâtel: Griffon, 1950.

"Un Nouveau Livre de J. Lacroix: *Marxisme, existencialisme, personnalisme*". *Le Monde*, 22 fev. 1950.

"Préface". In: MULLAHY, Patrick. *Œdipe: du mythe au complexe. Exposé des théories psychanalytiques*. Paris: Payot, 1951.

"Préface". In: GINET, Albert. *Berceuse pour aucun sommeil*. Perpignan: Vinas, 1951.

"Préface". In: SPENLE, Jean-Édouard. *Les Grands Maîtres de l'humanisme européen (Erasme, Goethe, Nietzsche et Rilke)*. Paris: Corrêa, 1952.

"Préface". In: DIEL, Paul. *Le Symbolisme dans la mythologie grecque: etude psychanalytique*. Paris: Payot, 1952.

"La Vocation scientifique de l'âme humaine". *L'Homme devant la science*, Neuchâtel: La Bacconière, 1952.

"Intervention à propos de la conférence de J. Fourastié 'L'Invention technique: réalités et possibilités'", XVIIe *Semaine de Synthèse. Revue de Synthèse*, Paris, 1953.

"L'Invention humaine". In: *Technique, morale, science: leurs rapports au cours de l'évolution*, Paris: Albin Michel, 1954.

"Préface". In: TCHELITCHEW, Pavel. *Œuvres récentes*. Paris: Galerie Rive-Gauche, 1954.

"Le Nouvel Esprit scientifique et la création de valeurs rationnelles". In: *Encyclopédie française*. Paris: Société de l'Encyclopédie Française, 1957.

"Lettre à Vandercammen". *Marginales*, 1958.

"Préface". In: DUHEM, Jules. *Histoire des origines du vol à réaction*. Paris: Nouvelles Éditions Latines, 1959.

"La Création ouverte". In: *Le Long Voyage*. Paris: Bibliothèque d'Alexandrie, 1961.

"Préface". In: *Roger Plin: dessins, sculptures*. Paris: Galerie Paul Cézanne, 1961.

"Message de Gaston Bachelard". *Cahiers internationaux du Symbolisme*, 1963 (póstumo).

Bibliografia secundária

Indicamos aqui somente as obras e os números de revista que consultamos. Uma atualização dos trabalhos dedicados a Bachelard pode ser encontrada no site da Association des Amis de Gaston Bachelard [a partir de 2013, Association Internationale Gaston Bachelard] (www.gastonbachelard.org).

ALTHUSSER, Louis. *Philosophie et philosophie spontanée des savants*. Paris: Maspéro, 1967.

_____. *Lire le Capital*. Paris: Maspéro, 1968.

ALUNNI, Charles. "Relativités et puissances spectrales chez Gaston Bachelard". *Revue de Synthèse*, n. 1, 1999.

_____. "Pour une Métaphorologie fractale". *Revue de Synthèse*, n. 1, 2001.

ARON, Raymond. *Notice sur la vie et les travaux de Gaston Bachelard*. Paris: Imprimerie de l'Institut de France, 1965.

BALIBAR, Françoise. *Galilée, Newton lus par Einstein*. Paris: PUF, 1984.

BARSOTTI, Bernard. *Bachelard critique de Husserl: aux racines de la fracture épistémologie/phénoménologie*. Paris: L'Harmattan, 2002.

BARTHÉLÉMY, Jean-Hugues. *Penser la Connaissance et la technique après Simondon*. Paris: L'Harmattan, 2005.

_____. *Simondon ou l'encyclopédisme génétique*. Paris: PUF, 2008.

_____; BONTEMS, Vincent. Relativité et réalité: Nottale, Simondon et le réalisme des relations. *Revue de Synthèse*, n. 1, 1999.

BARTHES, Roland. *Mythologies*. Paris: Seuil, 1957.

_____. *Critique et vérité*. Paris: Seuil, 1966.

_____. *Œuvres complètes*. Paris: Seuil, 1994.

BAYER, Raymond (Org.). *Travaux du IXe Congrès international de philosophie, Congrès Descartes*. Paris: Hermann, 1937.

BENIS-SINACEUR, Hourya. Lettres inédites de Gaston Bachelard à Albert Lautman. *Revue d'Histoire des Sciences*, n. 1, 1987.

BLAY, Michel. *La Science du mouvement des eaux: de Torricelli à Lagrange*. Paris: Belin, 2007.

BONNEFOY, Yves. Avec Gaston Bachelard... *Le Monde et la vie*, Paris, n. 106, 1962.

BONTEMS, Vincent. L'Actualité de l'épistémologie historique. *Revue d'Histoire des Sciences*, Paris, n. 1, 2006.

_____. "Le *Non*-Cartésianisme: la méthode *non*-cartésienne selon Gaston Bachelard et Ferdinand Gonseth". In: KOLESNIK, Delphine (Org.). *Qu'Est-ce qu'Être Cartésien?* Lyon: ENS Éditions, 2010.

_____; GINGRAS, Yves. De la Science normale à la science marginale. Analyse d'une bifurcation de trajectoire scientifique: le cas de la Théorie de la Relativité d'Échelle. *Social Science Information*, v. 46, n. 4, 2007.

BOURDIEU, Pierre. "Le Champ scientifique et les conditions sociales du progrès de la raison". *Sociologie et société*, v. 7, n. 1, 1975.

_____. *Méditations pascaliennes*. Paris: Seuil, 1997.

_____. *Science de la science et refléxivité*. Paris: Raison d'Agir, 2001.

_____; CHAMBOREDON, Jean-Claude; PASSERON, Jean-Claude. *Le Métier de sociologue: préalables épistémologiques*. Paris: Mouton de Gruyter, 1968.

BOUVERESSE, Jacques. *Prodiges et vertiges de l'analogie: de l'abus des belles-lettres dans la pensée*. Paris: Raison d'Agir, 1999.

BRETON, André. "Le Manifeste du Surréalisme". In: *Œuvres complètes*. Paris: Gallimard, 1988.

BRIAN, Eric. *La Mesure de l'État: administrateurs et géomètres au XVIIe siècle*. Paris: Albin Michel, 1994.

_____. "Vers une Phénoménologie d'échelle". *Revue de Synthèse*, n. 1, 2001.

_____. *Comment Tremble la Main invisible: incertitude et marchés*. Paris: Springer, 2009.

BRICMONT, Jean; SOKAL, Alan. *Impostures intelletuelles*. Paris: Odile Jacob, 1997.

CANGUILHEM, Georges. *Essai sur quelques problèmes concernant le normal et le pathologique*. Paris: PUF, 1943.

_____. *La Formation du concept de réflexe au XVIIe et XVIIIe siècles*. Paris: Vrin, 1955.

_____. *Études d'histoire et de philosophie des sciences*. Paris: Vrin, 1968.

_____. *Idéologie et rationalité dans les sciences de la vie*. Paris: Vrin, 1977.

_____. "Entretien avec Georges Canguilhem". In: COLLECTIF. *Actualité de Georges Canguilhem: le normal et le pathologique*. Paris: Le Plessis-Robinson; Synthélabo, 1998.

CARROZZINI, Giovanni. *Gilbert Simondon: per un'assiomatica dei saperi. Dall' "ontologia dell'individuo" alla filosofia della tecnologia*. Lecce: Manni, 2006.

CASSIRER, Ernst. *Substance et fonction* (1910). Paris: Minuit, 1977.

_____. *La Théorie de la relativité d'Einstein* (1921). Paris: Cerf, 2000.

CASTELLANA, Mario. Federigo Enriques, Gaston Bachelard et Ferdinand Gonseth: esquisse d'une tradition épistémologique. *Revue de Synthèse*, n. 2, 2005.

CAVEING, Maurice. *Le Problème des objets dans la pensée mathématique*. Paris: Vrin, 2004.

CHIROLLET, Jean-Claude. "Le Continu mathématique 'du troisième ordre' chez Henri Poincaré". In: BARREAU, Hervé; HARTONG, Jacques (Orgs.). *La Mathématique non standard*: Paris, Éditions du CNRS, 1989.

COLLECTIF. *Hommage à Gaston Bachelard*. Paris: PUF, 1957.

_____. *Bachelard: Colloque de Cerisy*. Paris: Union Générale d'Editions/10-18, 1974.

_____. *Michel Foucault: une histoire de la vérité*. Paris: Syros, 1985.

COLLINS, Randall. *The Sociology of Philosophies: A Global Theory of Intellectual Change*. Cambridge, MA: Belknap, 1998.

CUSSET, François. *French Theory: Foucault, Derrida, Deleuze & Cie et les mutations de la vie intellecutelle aux États-Unis*. Paris: La Découverte, 2003.

DAGOGNET, François. *Gaston Bachelard: sa vie, son œuvre avec un exposé de sa philosophie*. Paris: PUF, 1965.

_____. "Le Problème de l'unité". *Revue internationale de philosophie*, n. 150, 1984.

_____. *Philosophie de l'image*. Paris: Vrin, 1986.

_____. *Rematérialiser: Matières et matérialismes*. Paris: Vrin, 1989.

_____. *Réflexions sur la mesure*. Fougères, La Versanne: Encre Marine, 1993.

DEBRU, Claude. *L'Esprit des protéines: histoire et philosophie biochimiques*. Paris: Hermann, 1985.

DESANTI, Jean-Toussaint. *Les Idéalités mathématiques*. Paris: Seuil, 1968.

_____. *La Philosophie silencieuse*. Paris: Seuil, 1975.

DUCASSE, Pierre. *Les Techniques et le philosophe*. Paris: PUF, 1958.

DURAND, Gilbert. *Les Structures anthropologiques de l'imaginaire*. Paris: Bordas, 1960.

EINSTEIN, Albert. *L'Ether et la théorie de la relativité*. Paris: Gauthier-Vilars, 1921.

ÉLUARD, Paul. *Ralentir Travaux*. Paris: José Corti, 1930.

FOUCAULT, Michel. *Folie et déarison: histoire de la folie à l'âge classique*. Paris: Plon, 1961.

_____. "La Vie: l'expérience et la science". *Revue de Métaphysique et de Morale*, n. 1, 1985.

FRAZER, James George. *Les Mythes sur l'origine du feu*. Paris: Payot, 1930.

GALISON, Peter; STUMP, David (Orgs.). *The Disunity of Science (Boundaries, Context, and Power)*. Stanford: Stanford University Press, 1996.

GAUKROGER, Stephen. "Bachelard and the Problem of Epistemological Analysis". *Studies in History and Philosophy of Science*, v. 7, n. 3, 1976.

GAYON, Jean. *Darwin et l'après-Darwin: une histoire de l'hypothèse de la sélection dans la théorie de l'évolution*. Paris: Kimé, 1992.

_____; WUNENBURGER, Jean-Jacques (Orgs.). *Bachelard dans le monde*. Paris: PUF, 2000.

GIL, Didier. *Bachelard et la culture scientifique*. Paris: PUF, 1993.

_____. *Autour de Bachelard: esprit et matière, un siècle français de philosophie des sciences (1867-1962)*. Paris: Belles Lettres, 2010.

GINGRAS, Yves. Un Air de radicalisme: sur quelques tendances récentes en sociologie de la science et de la technologie. *Actes de la recherche en sciences sociales*, n. 108, jun. 1995.

_____. The New Dialectics of Nature. *Social Studies of Science*, v. 27, 1997.

_____. What Did Mathematics Do to Physics? *History of Science*, v. 39, dez. 2001.

_____. How the Photon Emerged through the Prism of Formal Analogies. *Photons*, v. 3, n. 2, 2005.

_____. Éloge de l'homo *techno-logicus*. Saint-Laurent: Fides, 2005.

GIREL, Mathias. "A Chronicle of Pragmatism in France Before 1907: William James in Renouvier's Critique Philosophique". In: FRANZECE, Sergio (Org.). *Fringes of Religious Experience*. Frankfurt: Ontos Verlag, 2007.

GOLINSKI, Jan. *Making Natural Knowledge: Constructivism and the History of Science*. Chicago: University of Chicago Press, 2005.

GONSETH, Ferdinand. *Le Référentiel, univers obligé de médiatisation*. Neuchâtel: Le Griffon, 1975.

_____. *Mon Itinéraire philosophique*. Vevey: Éditions de l'Aire, 1996.

GUILLERMIT, Louis. Bachelard ou l'enseignement du bonheur. *Annales de l'Université de Paris*, n. 1, "Hommages à Gaston Bachelard", 1963.

HARMAN, Peter. *Metaphysics and Natural Philosophy*. Totowa: Barnes & Nobles, 1982.

HEIDEGGER, Martin. "Bâtir, Habiter, Penser". In: *Essais et conférences*. Paris: Gallimard, 1958.

HYPPOLITE, Jean. Gaston Bachelard ou le romantisme de l'intelligence. *Revue philosophique de la France et de l'étranger*, n. 1-3, 1954.

KOSELLECK, Reinhart. *Futures Past: On the Semantics of Historical Time.* Cambridge, MA: MIT Press, 1985.

KOYRÉ, Alexandre. *Du Monde clos à l'univers infini.* Paris: Gallimard, 1958.

KUHN, Thomas. *La Structure des révolutions scientifiques.* Paris: Flammarion, 1972.

LATOUR, Bruno. *Le Métier de chercheur: regard d'un anthropologue.* Paris: INRA, 1995.

LECOURT, Dominique. *Pour une Critique de l'épistémologie: Bachelard, Canguilhem, Foucault.* Paris: Maspéro, 1972.

_____. *Bachelard: le jour et la nuit.* Paris: Grasset, 1974.

_____. *L'Épistémologie historique de Gaston Bachelard* (1969). Paris: Vrin, 2002.

_____. *Georges Canguilhem.* Paris: PUF, 2008.

LEROUX, Jean. "Bachelard et le cercle de Vienne". *Cahiers Gaston Bachelard*, n. 5, "Bachelard et les arts", 2002.

LESCURE, Jean. *Un Éte avec Bachelard.* Paris: Luneau Ascot, 1983.

LIBIS, Jean. *Gaston Bachelard ou la solitude inspirée.* Paris: Berg, 2007.

LIMOGES, Camille. *La Sélection naturelle: étude sur la première constitution d'un concept (1837-1859).* Paris: PUF, 1970

MARGOLIN, Jean-Claude. *Bachelard.* Paris: Seuil, 1974.

MERLEAU-PONTY, Maurice. *La Nature.* Paris: Seuil, 1995.

MERTON, Robert. "The Normative Structure of Science" (1942). In: STORER, Norman W. (Org.). *The Sociology of Science.* Chicago: University of Chicago Press, 1973.

NOTTALE, Laurent. *Fractal Space-Time and Microphysics: Towards a Theory of Scale Relativity.* Cingapura; River Edge, NJ: World Scientific, 1993.

_____. *La Relativité dans tous ses états: au-delà de l'espace-temps*. Paris: Hachette, 1998.

PARIENTE, Jean-Claude. "Rationalisme et ontologie chez Gaston Bachelard". In: BITBOL, Michel; GAYON, Jean (Orgs.). *L'Épistémologie française (1830-1970)*. Paris: PUF, 2006. Inicialmente o artigo havia sido publicado no Quebec, in: LAFRANCE, Guy (Org.). *Gaston Bachelard: profils épistémologiques*. Ottawa: Presses de l'université d'Ottawa, 1987.

_____. *Le Vocabulaire de Bachelard*. Paris: Ellipses, 2001.

PARINAUD, André. *Gaston Bachelard*. Paris: Flammarion, 1996.

PARROCHIA, Daniel. *Les Grandes Révolutions scientifiques du XXe siècle*. Paris: PUF, 1997.

_____. "Temps bachelardien, temps einsteinien: la critique de la durée bergsonienne". In: WORMS, Frédéric; WUNENBURGER, Jean-Jacques (Orgs.). *Bachelard & Bergson: continuité et discontinuité*. Paris: PUF, 2008.

PATY, Michel. *Einstein philosophe: la physique comme pratique philosophique*. Paris: PUF, 1993.

PÊCHEUX, Michel; FICHANT, Michel. *Sur l'Histoire des sciences*. Paris: Maspéro, 1969.

PINHEIRO DOS SANTOS, Lúcio Alberto. *A ritmanálise*. Rio de Janeiro: Sociedade de Psicologia e Filosofia, 1931.

PINTO, Louis. *La Théorie souveraine: les philosophes français et la sociologie au XXe siècle*. Paris: Cerf, 2009.

POPPER, Karl. *La Mécanique quantique et le schisme en physique*. Paris: Hermann, 1982.

POULET, Georges. *Études sur le temps humain*. Paris: Plon, 1959.

RAYMOND, Pierre. *L'Histoire et les sciences*. Paris: Maspéro, 1975.

RENOUVIER, Charles. *Les Dilemmes de la métaphysique pure*. Paris: Alcan, 1901.

REVERDY, Pierre. *Journal de mon bord*. Paris: Gallimard, 1989.

RICHARD, Jean-Pierre. *Poésie et profondeur*. Paris: Seuil, 1955.

_____. *L'Univers imaginaire de Mallarmé*. Paris: Seuil, 1961.

ROUSSET, Jean. *La Littérature à l'âge baroque en France: circé et le paon*. Paris: José Corti, 1954.

SERRES, Michel. *Le Système de Leibniz et ses modèles mathématiques*. Paris: PUF, 1968.

_____. *Hermès I: la communication*. Paris: Minuit, 1969.

_____. "La Réforme et les sept péchés". In: *L'Interférence*. Paris: Minuit, 1972.

_____. *La Naissance de la physique dans le texte de Lucrèce: fleuves et turbulences*. Paris: Minuit, 1977.

_____. *Éclaircissements: entretiens avec Bruno Latour*. Paris: Bourin, 1992.

SEVE, Lucien. *Marxisme et théorie de la personnalité*. Paris: Éditions Sociales, 1974.

SHINN, Terry. *Savoir scientifique et pouvoir social: l'École Polytechnique, 1794-1914*. Paris: Fondation Nationale des Sciences Politiques, 1980.

SHINN, Terry; RAGOUET, Pascal. *Controverses sur la science: pour une sociologie transversaliste*. Paris: Raison d'Agir, 2005.

SIMONDON, Gilbert. *Du Mode d'existence des objets techniques*. Paris: Aubier, 1958.

_____. *L'Individuation à la lumière des notions de forme et d'information*. Paris: Million, 2005.

_____. *Imagination et invention (1965-1966)*. Paris: La Transparence, 2008.

STAROBINSKI, Jean. "La Double légitimité". *Revue Internationale de Philosophie*, n. 150, 1984.

SYLVESTRE, Jean-Pierre. "La Place et l'influence de l'épistémologie bachelardienne dans *Le Métier de sociologue* et *Le Raisonnement sociologique*". *Cahiers Gaston Bachelard*, n. 10, "Résonances bachelardiennes dans la philosophie française", 2008.

TANS, Joseph Anna Guillaume. "La Poétique de l'eau et de la lumière d'après l'œuvre d'Albert Camus". In: *Style et littératutre*. Haia: Van Goor Zonen, 1962.

THERRIEN, Vincent. *La Révolution de Gaston Bachelard en critique littéraire*. Paris: Klincksieck, 1970.

TILES, Mary. *Bachelard: Science and Objectivity*. Cambridge: Cambridge University Press, 1984.

_____. "Epistemological History: The Legacy of Bachelard and Canguilhem". In: GRIFFITH, A. Phillips (Org.). *Contemporary French Philosophy*. Cambridge: Cambridge University Press, 1987.

_____. "Technology, Science, and Inexact Knowledge: Bachelard's Non Cartesian Epistemology". In: GUTTING, Gary (Org.). *Continental Philosophy of Science*. Malden, MA: Blackwell, 2005.

TONNELAT, Marie-Antoinette. *Histoire du principe de relativité*. Paris: Flammarion, 1971.

VADEE, Michel. *Gaston Bachelard ou le nouvel idéalisme épistémologique*. Paris: Maspéro, 1975.

WUNENBURGER, Jean-Jacques (Org.). *Bachelard et l'épistémologie française*. Paris: PUF, 2003.

ESTE LIVRO FOI COMPOSTO EM SABON CORPO 10,7 POR 13,5 E
IMPRESSO SOBRE PAPEL OFF-SET 75 g/m² NAS OFICINAS DA ASSAHI
GRÁFICA, SÃO BERNARDO DO CAMPO — SP, EM MAIO DE 2017